D1702164

Solange es Menschen in Not gibt, wird unsere Hilfe gebraucht

Die Erfolgsgeschichte der Kurt Graulich Stiftung >Helfen in Not<

Jürgen Sievers

IMPRESSUM

Herausgeber:
Konzeption und gesamte Koordination:
Buchkontor und Verlag Sievers GbR
Galerie Wolfsberg
Konrad-Adenauer-Allee 31
64569 Nauheim
E-Mail: buchkontor-sievers@t-online.de
Autor und Redaktion: Jürgen Sievers

Fotos: Heiner Engelter Foto
65439 Flörsheim am Main
Privat-Fotos

Layout, Bildbearbeitung, Umschlaggestaltung:
Kurt Wörsdörfer, 65439 Flörsheim am Main

Druck und Buchbinderei:
Lauck Druckprodukte
65439 Flörsheim am Main

Copyright 2017 by BuchKontor und Verlag Sievers GbR

ISBN 978-3-9815118-7-1

Alle Rechte vorbehalten. Ohne schriftliche Genehmigung des Verlages
ist es nicht gestattet, das Werk unter Verwendung mechanischer,
elektronischer und anderer Systeme in irgendeiner Weise zu verarbeiten
und zu verbreiten. Insbesondere vorbehalten sind die Rechte der
Vervielfältigung – auch von Teilen des Werkes – auf photomechanischem
oder ähnlichem Wege sowie die Speicherung in Datenverarbeitungsanlagen.

Inhaltsverzeichnis

Einführung	6
Grußwort des Stifters	7
Ziele der Stiftung	8
Die tagtägliche Hilfe	9
Die Gründung	10
Das Kuratorium	12
Bundesverdienstkreuz für Kurt-Jochem Graulich	14
Stimmen zur Stiftung	17
Der Stiftungspreis	36
Die Preisträger des Stiftungspreises	37
Vorträge für die Kurt Graulich Stiftung	77
Benefizkonzerte für die Kurt Graulich Stiftung	101

Dank an die Presse

Die Kurt Graulich Stiftung arbeitet seit ihrer Gründung überaus erfolgreich. Jahr für Jahr werden beachtliche Beträge an Not leidende Bürger und Institutionen vergeben. Bis heute wurde über 1 Million Euro ausgezahlt.

Jahr für Jahr finden Benefizkonzerte und auch Vorträge mit namhaften Persönlichkeiten statt.

Die Einnahmen aus diesen Veranstaltungen gehen zu hundert Prozent an die Kurt Graulich Stiftung. Kosten jeglicher Art, z. B. für Saalmieten und Werbung zahlt Kurt-Jochem Graulich privat.

Die Idee der Stiftung wäre wesentlich schwerer umzusetzen, würden nicht immer wieder die im Kreis erscheinenden Zeitungen und Presse-Organe ausführlich berichten.

Der Dank der Kurt Graulich Stiftung und
von Kurt-Jochem Graulich geht daher ausdrücklich an:

Main-Spitze Rüsselsheim
Rüsselsheimer Echo
Neue Presse / Höchster Kreisblatt
FAZ Frankfurter Allgemeine Zeitung
Frankfurter Rundschau
Wiesbadener Kurier – Hofheimer Zeitung
und die Heimatzeitungen aus dem
Verlag Dreisbach Flörsheim:
Flörsheimer Zeitung – Hattersheimer Stadtanzeiger –
Krifteler Nachrichten – Hochheimer Anzeiger –
Untermain heute – Lokal-Anzeiger Bischofsheim

Das Gute, das du anderen tust,
tust du immer auch dir selbst!

Einführung

Eine Stiftung in weit über einhundert Seiten zu beschreiben ist in erster Linie eine Bilanz über zwanzig Jahre Arbeit. Erfolgreiche Arbeit. Zugleich zwangsläufig eine Beschreibung der in diesen Jahren zahlreich stattgefundenen Aktivitäten. Vorträge von und mit namhaften Persönlichkeiten, die Themen präsentierten, die in unserer schnelllebigen Zeit entweder untergehen oder tot geschwiegen werden. Der stets gute Besuch der einzelnen Vorträge ist Beleg von Stimmigkeit der ausgewählten Referenten und Themen.

Gleiches gilt für die vielen Benefiz-Konzerte, die in den zurück liegenden Jahren stattfanden und immer noch stattfinden. Heimische Gesangvereine, auswärtige Orchester und bekannte Chöre aus der näheren und weiteren Umgebung boten unterschiedlichste musikalische Leckerbissen. Zweck war jeweils, die Zuhörer, die in Stadthalle, Pfarrgemeindezentrum und Kirchen für jeweils ausgebuchte Platzkapazitäten sorgten, zu unterhalten und zu erfreuen. – Das ist in den Jahren immer wieder gelungen. Konzerte für die Kurt Graulich Stiftung sind zwischenzeitlich längst zum Geheimtipp geworden.

Eines haben alle – Vorträge und Konzerte – gemeinsam. Die Einnahmen aus den jeweiligen Veranstaltungen, die zu einhundert Prozent in die Stiftungskasse fließen, tragen dazu bei, die umfangreichen Aufgaben der Stiftung zu finanzieren. Mitgliedsbeiträge, Spenden und Zinserträge aus dem Stiftungskapital dienen gleichermaßen dazu, die vielfältigen Verpflichtungen der Kurt Graulich Stiftung erfüllen zu können.

Den Aufgabenbereich der Kurt Graulich Stiftung zu skizzieren ist schwierig. >Helfen in Not< ist nicht nur ein Untertitel der Stiftung, helfen in Not ist oberstes Ziel. In monatlichen Sitzungen des Stiftungs-Kuratoriums werden die vielen Hilfsanträge akribisch auf Stichhaltigkeit und Hilfsbedürftigkeit durchforstet. Direkt, unmittelbar und zweckdienlich soll die Hilfe sein. Anfragen zur Unterstützung erkennbar dringender Projekte haben Vorrang.

Das Kuratorium der Kurt Graulich Stiftung setzt alles daran, das Leben Einzelner erträglicher und lebbarer zu machen. Und so werden Monat für Monat Anfragen positiv beschieden, getreu der eigenen Maxime, schnell und unbürokratisch zu helfen. Ebenso werden caritative Einrichtungen und Institutionen regelmäßig unterstützt, von deren notwendiger Arbeit das Kuratorium überzeugt ist.

Darüber hinaus wird seit dem Jahr 2000 – jährlich im September – der Stiftungspreis in Höhe von 5.000 Euro an Institutionen, Vereine und auch herausragende Persönlichkeiten vergeben, die die Ziele und Grundsätze der Stiftung umsetzen und beherzigen. Jeder der bisher verliehenen Stiftungspreise hat unmittelbar dazu geführt, dass Not gelindert werden konnte, dass Randgruppen unserer Gesellschaft die Welt ein wenig positiver, ein wenig heller erleben durften.

Jürgen Sievers

Grußwort des Stifters

Mich berühren Schicksale von Menschen, die in existenzielle Not geraten sind. Menschen, deren Leben aus der Bahn geworfen wurde.

Menschen, die u. a. abhängig sind von Alkohol, Drogen. Menschen, die suchtgefährdet sind.

Sie alle brauchen Hilfe – Hilfe unterschiedlichster Art.

1995 habe ich die Kurt Graulich Stiftung >Helfen in Not< gegründet und sie nach meinem viel zu früh verstorbenen Vater benannt.

Heute, zweiundzwanzig Jahre später, kann meine Stiftung auf vielerlei Erfolge zurückschauen. Not konnte gelindert werden. Menschen konnte Hilfestellung gegeben werden, ins Leben zurück zu finden. Auch soziale und caritative Einrichtungen, Hospize, Kliniken, Frauenhäuser, Einrichtungen für Wohnsitzlose, Selbsthilfegruppen, Drogen- und Suchtberatungen, Einrichtungen für psychisch Kranke und Tafeln sind unterstützt worden und werden weiter gefördert.

Bis heute hat die Stiftung über eine Million Euro ausgeschüttet.

Seit dem Jahr 2000 wird jedes Jahr der Kurt Graulich Stiftungspreis von 5.000 Euro an Personen oder Einrichtungen vergeben, die die Ziele und Kriterien ausnahmslos umsetzen.

Die Stiftung sehe ich als meine Herzensaufgabe an.

Sie verursacht viel Arbeit und kostet mich viele Stunden meiner Freizeit, die ich allerdings gerne gebe. Meine Frau Christel steht mir zur Seite, hat nicht nur Verständnis, sie unterstützt mich und gibt mir Kraft, meine Vorhaben umzusetzen.

Dankbar bin ich für Begegnungen mit Menschen, die mir in Gesprächen viel gegeben und deren Ansichten und Meinungen geholfen haben, weitere Erkenntnisse zu gewinnen.

Jetzt hat Jürgen Sievers über meine Stiftung dieses Buch verfasst, in dem Stationen, Begebenheiten und Veranstaltungen recherchiert und nachempfunden sind. Dieses Buch spiegelt einen großen Teil meines Lebens wider. – Erinnerungen, die prägend in mein Leben eingegriffen haben, und es ein Stück weit bereichert haben.

Wenn Sie, verehrter Leser, dieses Buch zur Hand nehmen und einzelne Geschichten, Berichte nachlesen, erleben Sie gleichermaßen ein Stück Zeitgeschichte.

Mit einem gewissen Stolz empfehle ich Ihnen die Lektüre dieses Buches!

Kurt-Jochem Graulich

Ziele der Stiftung

Die Kurt Graulich Stiftung >Helfen in Not< wurde am 1. Januar 1995 von Kurt-Jochem Graulich als rechtsfähige Stiftung bürgerlichen Rechts gegründet.

Sie ist Mitglied im Bundesverband Deutscher Stiftungen. Der Stifter gab ihr, in ehrendem Gedenken an den früh verstorbenen Vater, Kurt Graulich (Foto) dessen Namen.

Zweck der Stiftung ist es, sich überall dort einzusetzen, wo schnelle, unbürokratische, finanzielle oder praktische Hilfe für in Not geratene Menschen dringend benötigt wird. Die Stiftung unterstützt und fördert zugleich auch überregional die Genesung von körperlich und psychisch Kranken. Auch im psychosozialen Bereich werden Hilfestellungen angeboten. – Geschlecht, Alter und Herkunft spielen keine Rolle.

Die Finanzgrundlage bilden die Erträge des Stiftungskapitals, Spenden und Beiträge von Stiftungsmitgliedern. Einmalige Spenden sind ebenso steuerlich absetzbar, wie auch der Jahresbeitrag. – Weitere Einnahmequellen der Stiftung sind Veranstaltungen, Benefizkonzerte und Vorträge bekannter Persönlichkeiten, die regelmäßig angeboten werden. Durch ausschließlich ehrenamtliches Engagement kommt jeder eingenommene und gespendete Euro notleidenden Menschen zugute.

Die tagtägliche Hilfe

Staat, Regierung und Ämter helfen Bürgern, die in Not sind. Bürokratisch, mit Anträgen, auszufüllen in mehrfachen Durchschlägen, mit Vertröstungen und Verweisen auf anzuwendende Gesetze und Paragraphen. Es vergeht Zeit. Bearbeitungszeit. Der Weg durch die Instanzen wird nicht kürzer. Die Not des Menschen nicht kleiner. Im Gegenteil, sie verstärkt sich. – Längst ist bekannt, dass der Staat nicht leisten kann, was er leisten müsste. Wo wären wir ohne Freiwillige Helfer und Hilfsorganisationen?

Die Kurt Graulich Stiftung ist eine davon. Sie hilft schnell und unbürokratisch, sie unterstützt regelmäßig soziale und caritative Einrichtungen. Diese werden dadurch wiederum in die Lage versetzt, ihrerseits zu helfen.

Neben der Unterstützung für Caritas, Diakonische Werke, Hospize, Sozialbüros sowie Tafeln steht im Besonderen die Hilfe für den Einzelnen. Die Kurt Graulich Stiftung >Helfen in Not< hilft unmittelbar, direkt. Ohne Umwege. – Tagtäglich erhält die Stiftung Post. Briefe voll mit Schilderungen erschütternder Notlagen. Hilfeschreie verzweifelter Menschen. Oft sind es relativ kleine Bitten. Beweise echter Not. Das Kuratorium befasst sich mit jedem Schreiben. Mit jedem Brief. Mit jedem Hilferuf. In mehr als zwanzig Jahren Stiftungsarbeit sind die Ordner mit Einzelschicksalen prall gefüllt.

Mit dem Frankfurter Kapuzinerpater Bruder Paulus Obdachlose besuchen, einen Streetworker beim Gang durch die Frankfurter Drogenszene begleiten oder an einem kalten Winterabend bei der Bahnhofsmission im Frankfurter Hauptbahnhof einen Karton voll warmer Unterhosen und Handschuhe abgeben. Kurt Jochem Graulich ist vor Ort. Ihn berühren die Schicksale von Menschen, deren Leben aus der Bahn geworfen wurde. Menschen, die in existenzielle Not geraten sind. Durch fremde oder eigene Schuld.

Die Stiftung leistet auch praktische Unterstützung. Mal bezahlt sie eine Brille, mal eine Fahrt zum Arzt, mal gibt es Unterstützung mit einem Urlaubszuschuss.

Die Zahlen in den jeweiligen Jahresberichten sind nüchtern. Die Schicksale dahinter erschreckend. – Einige Beispiele von Hilfen verdeutlichen die Arbeit der Stiftung.

So wurde für einen Schüler, der in Frankfurt eine kinderpsychotherapeutische Behandlung erfuhr, das Fahrgeld übernommen. – Einer wohnungslosen Frau wurde ein Volkshochschulkurs finanziert. Dadurch erlangte sie den Hauptschulabschluss, der ihr dann wiederum eine Ausbildung zur Hauswirtschafterin ermöglichte. – Einer älteren Frau wurde die Monatskarte für die Eisenbahn bezahlt, damit sie ihren kranken Mann in der Klinik besuchen konnte. – Die Schulen in den umliegenden Orten können sich seit Jahren darauf verlassen, dass sie bei einem Hilferuf Zuschuss für Klassenfahrten erhalten.

Immer wieder sind es Zuschüsse für Fahrtkosten, sei es zum Besuch von Spezial-Ärzten, von auswärtigen Kliniken, schwerkranken Angehörigen. Von Taxikosten, wenn die Wege zum Arzt, zu Behandlungen gar zu umständlich sind. Anfragen nach Zuschüssen für psychologische, physiotherapeutische, psychiatrische Therapien und Bonding-Maßnahmen sind bei fast jeder Kuratoriumssitzung dabei. Selbst Tierarzt-Rechnungen für das geliebte Haustier wurden bezahlt. Es wurde Hilfe bei Miet-Rückständen gewährt. Mit Zuschüssen für Medikamente übernimmt die Stiftung des Öfteren Leistungen, die eigentlich Krankenkassen zu erbringen hätten.

Diese Beispiele ließen sich seitenweise fortsetzen. – Allerdings verlangt die Stiftung grundsätzlich den Nachweis, dass all diese Maßnahmen notwendig sind und dass bewilligte Mittel zweckgebunden verwendet werden.

Die Gründung

Die Kurt Graulich Stiftung ›Helfen in Not‹ wird am 1. Januar 1995 von Kurt-Jochem Graulich als rechtsfähige Stiftung bürgerlichen Rechts gegründet. Er gibt ihr – in ehrendem Gedenken an den früh verstorbenen Vater – den Namen Kurt Graulich Stiftung.

Zweck der Stiftung ist es, sich überall dort einzusetzen, wo schnelle, unbürokratische, finanzielle oder praktische Hilfe für in Not geratene Menschen dringend benötigt wird.

Stiftungsvorstand und Kuratorium entscheiden gemeinsam über die Vergabe von Stiftungsmitteln. – Stiftungsvorstand ist Kurt-Jochem Graulich, dem Kuratorium gehören im Gründungsjahr Josefine Brömser, Sybille Rehberg-Diehl, Hannelore Sievers, Hans-Jürgen Wagner und Willi Szünder an. –

In der Verfassung, die sich die Stiftung gegeben hat, heißt es u. a. *„Die Stiftung bezweckt, sich überall dort einzusetzen, wo schnelle, unbürokratische, finanzielle oder praktische Hilfe an in Not geratene Menschen dringend notwendig ist. Hierbei spielen Alter, Geschlecht und Herkunft der betroffenen Personen keine Rolle".* – Die Stiftung verfolgt ausschließlich und unmittelbar mildtätige Zwecke im Sinne des Abschnitts „steuerbegünstigte Zwecke" der Abgabenordnung.

„Es kann nicht alles im Leben sein, zu arbeiten und die Früchte dieser Arbeit zu genießen", sagte Kurt-Jochem Graulich in der Gründungsversammlung des Kuratoriums, „man sollte auch andere, denen es weniger gut geht, partizipieren lassen". Er hat diese Gedanken konsequent zu Ende gedacht und mit einem stattlichen Betrag den Grundstock für die Kurt Graulich Stiftung ›Helfen in Not‹ gelegt. Neben dem Wunsch Helfen in Not unterstützt und fördert die Stiftung überregional zugleich die Genesung von körperlich und psychisch Kranken und sieht auch ihre Aufgabe darin, im psychosozialen Bereich Hilfestellungen anzubieten.

Das Vermögen der Stiftung beträgt bei ihrer Gründung 50.000 DM. Im Interesse des langfristigen Bestandes der Stiftung ist das Stiftungsvermögen ungeschmälert in seinem Wert zu erhalten. – Durch Zustiftungen von Kurt-Jochem Graulich ist das Stiftungskapital bis heute auf 250.000 Euro angewachsen.

Am 15. Mai 1995 wird die Kurt Graulich Stiftung ›Helfen in Not‹ vom Regierungspräsidium Darmstadt gemäß § 80 des Bürgerlichen Gesetzbuches in Verbindung mit § 3 Abs. 1 des Hessischen Stiftungsgesetzes vom 4. April 1966 (GVBl, 1 S. 77), zuletzt geändert durch Gesetz vom 18. 12. 1984 (GVBl. 1 S. 344) endgültig genehmigt. – Zuvor war die Verfassung der Stiftung durch einen Rechtsanwalt und Notar formuliert und dem Regierungspräsidium wie auch dem Finanzamt zur Genehmigung vorgelegt worden. – Mit der Genehmigung ist die Stiftung arbeitsfähig. Die Gemeinnützigkeit ist gegeben, sodass Spenden an die Stiftung auch absetzungsfähig sind.

Nach der Gründung wurde die Kurt Graulich Stiftung in einer Pressekonferenz der Presse vorgestellt. Frankfurter Rundschau, Höchster Kreisblatt, Wiesbadener Kurier, Main Spitze Rüsselsheim, Rüsselsheimer Echo, Flörsheimer Zeitung, Hattersheimer Stadtanzeiger, Hochheimer Anzeiger und Untermain heute. Das Presseecho war durchweg positiv. Ausführlich wurde die Stiftungsgründung vorgestellt und die Ziele und Vorhaben erläutert.

Auch in der Politik wurde die Stiftungsgründung wohlwollend gewürdigt. Eine „großartige Sache" rühmte der CDU-Landtagsabgeordnete und spätere Bundestagsabgeordnete und Sozialpolitiker Gerald Weiß die Kurt Graulich Stiftung nach seinem Informationsbesuch in Flörsheim und zollte dem Stifter Worte des Lobes, des Dankes und der Anerkennung. – Euphorisch äußerte sich auch der Flörsheimer CDU-Landtagsabgeordnete Georg Badeck, der Kurt-Jochem Graulich für sein „wegweisendes Projekt" lobte, dem Flörsheimer Baustoffhändler seine Unterstützung zusicherte und die Presse aufrief, die Stiftung ins „öffentliche Bewusstsein" zu heben.

Auch eine kritische Berichterstattung soll nicht verschwiegen werden. Die Frankfurter Rundschau berichtete in einem großen Artikel über die Gründung der Stiftung und suchte nach Schwachpunkten. Durch die Schlagzeilen-Formulierung „Stiftung braucht Spenden – wofür, bleibt verborgen" unterstellte die FR vordergründig Unredlichkeit. In einem Kommentar zur Gründung wurde dem Stiftungsgründer Kurt-Jochem Graulich gar die Absicht zur Selbstbeweihräucherung unterstellt.

Heute sind mehr als zwanzig Jahre seit der Gründung vergangen. In dieser Zeit wurden über eine Million Euro an Spenden an hilfsbedürftige Personen und Institutionen ausgeschüttet. – Eine Summe, die für sich selbst spricht. Kurt-Jochem Graulich erfährt vielfältige Anerkennung, Lob und Dank für die Arbeit seiner Stiftung.

Wer sich selbst gefunden hat,
der kann nichts mehr auf dieser Welt verlieren

Stefan Zweig

Das Kuratorium

Stiftungsorgane der Kurt Graulich Stiftung >Helfen in Not< sind laut der Verfassung der Stiftung das Kuratorium und der Vorstand. Das Kuratorium besteht aus fünf Personen. Das erste Kuratorium wird vom Stifter bestellt. Josefine Brömser, Sybille Rehberg-Diehl, Hannelore Sievers, Hans-Jürgen Wagner und Willi Szünder sind die ersten Mitglieder des Kuratoriums. Die Wahl der Mitglieder erfolgt für fünf Jahre. Eine Wiederwahl ist unbeschränkt möglich. Das Kuratorium fasst seine Beschlüsse mit einfacher Mehrheit. Es ist beschlussfähig, wenn mehr als die Hälfte der verfassungsgemäßen Mitglieder anwesend sind. Die Mitglieder des Kuratoriums sind ehrenamtlich tätig, eine Kosten- oder Aufwandsentschädigung findet nicht statt.

Das Kuratorium hat insbesondere folgende Aufgaben: Beschlussfassung über die Vergabe der Stiftungsmittel, die Kontrolle der Haushalts- und Wirtschaftsführung des Vorstandes, die Feststellung des Jahresrechenschaftsberichtes, die Entlastung des Vorstandes.

Das Kuratorium kommt einmal im Monat auf Einladung des Stiftungsvorsitzenden zusammen. Bei diesen Sitzungen wird über die Vergabe der Stiftungsmittel gesprochen, debattiert und letztendlich entschieden. Hauptaufgabe sind Anträge um Hilfen der unterschiedlichsten Art. Mal werden Sachspenden und in der Regel Bargeld-Zuschüsse für zum Beispiel Arzt- oder auch Optiker- und Zahnarzt-Rechnungen, die nicht aus eigener finanzieller Kraft aufgebracht werden können, erbeten. Antragsteller sind Personen, die durch eine karge Rente oder besondere Lebensumstände nicht in der Lage sind, diese Rechnungen selbst zu bezahlen. Unser Staat, die Sozialämter, sind aufgrund gesetzlicher Vorgaben und Bestimmungen nicht in der Lage, solcher Art Hilfe zu leisten.

Hier hilft die Kurt Graulich Stiftung >Helfen in Not< unbürokratisch, schnell und ohne mehrseitige Antragsformulare. Selbstverständlich werden alle eingehenden Anträge genauestens auf ihre Stichhaltigkeit geprüft. Und so werden Monat für Monat zahlreiche Bitten um Hilfe positiv beschieden. – Dass diese Art der Hilfeleistung den richtigen Personenkreis trifft, zeigen zahlreiche Dankesschreiben, die bei der Stiftung eingehen.

Im Laufe der nunmehr über zwanzig Jahre segensreicher Arbeit haben Vorstand und Kuratorium über eine Million Euro ausgeschüttet – Kliniken, Hospizvereine, Frauenhäuser und andere soziale Einrichtungen werden regelmäßig von der Kurt Graulich Stiftung unterstützt. – Der Leitsatz: „Solange es Menschen in Not gibt, wird unsere Hilfe gebraucht" hat heute mehr denn je seine Bedeutung.

Das Bild zeigt aktuelle und ehemalige Kuratoriumsmitglieder, die ehrenamtlich für die Kurt Graulich Stiftung tätig sind bzw. waren. Vordere Reihe von links: Willi Szünder, Josefine Brömser (beide sind Kuratoriumsmitglieder der ersten Stunde), Stiftungsvorstand Kurt-Jochem Graulich, Hannelore Sievers (ebenfalls von Anfang an dabei bis Ende 2015) Angelika Busch.

Hintere Reihe von links: Monika Hartmann, die gute Seele der Stiftung, die den Schriftverkehr und die Protokolle von Beginn an zuverlässig erledigt, Ilse Götz, Christa Hofmann, Gisela Torres, Hans-Jürgen Wagner als Kuratoriumsmitglied von Anfang an dabei. Aufgrund seiner vielfältigen Verbindungen ist er für die Stiftung ein wertvoller Berater, Jenny Faber, die seit einem Jahr Stiftungsvorstand Kurt-Jochem Graulich bei der immer mehr werdenden Arbeit unterstützt.

Anerkennung für bürgerschaftliches Engagement
Bundesverdienstkreuz für Kurt-Jochem Graulich

Persönlichkeiten werden zu recht für herausragendes Engagement und besondere Leistungen für die Allgemeinheit mit dem Bundesverdienstkreuz ausgezeichnet. Diese Ehre erfuhr im Januar 2008 auch Kurt-Jochem Graulich.

Bundespräsident Horst Köhler verlieh dem Flörsheimer Unternehmer und Vorstandsvorsitzenden der Kurt Graulich Stiftung >Helfen in Not< das Verdienstkreuz am Bande des Verdienstordens der Bundesrepublik Deutschland. – In einer liebevoll gestalteten Feierstunde in der Alten Kirchschule in Flörsheim überreichte der Landrat des Hochtaunus-Kreises, Ulrich Krebs, der zuvor Bürgermeister in Flörsheim war, diese Auszeichnung an Kurt-Jochem Graulich. Der Flörsheimer Bürgermeister Michael Antenbrink, Erster Stadtrat Leo Fercher, die Familie, Freunde, Weggefährten und die Kuratoriumsmitglieder der Kurt Graulich Stiftung freuen sich mit dem Geehrten über die hohe Auszeichnung.

Ulrich Krebs würdigte das Wirken von Kurt-Jochem Graulich als „ein Engagement, das über das normale Maß hinaus geht." Die Unternehmerfamilie sei untrennbar mit Flörsheim verbunden. Ulrich Krebs: „Mit der Gründung ihrer Stiftung haben sie ein leuchtendes, ein gutes Beispiel gegeben." Krebs wünsche sich, dass die gerade verliehene Auszeichnung eine Art Zwischenzeugnis sei, dass die Stiftungsarbeit weitergehe, denn es könne nicht genug derartiger Initiativen geben.

„Stifter gehen nicht stiften, sie wollen etwas bewegen und andere anstiften", formulierte Hans-Jürgen Wagner, Kuratoriumsmitglied der Kurt Graulich Stiftung in seiner Laudatio. Es werde der Stifter geehrt. „Dies sind Menschen, die in unserer Gesellschaft etwas bewegen wollen, die mit dem Bestehenden nicht zufrieden sind", so Hans-Jürgen Wagner.

Selbstverständlich wurden lobende Worte an den erfolgreichen Unternehmer Kurt-Jochem Graulich gerichtet. Herausgestellt wurde allerdings das richtungsweisende Engagement der Kurt Graulich Stiftung, die 1995 gegründet wurde und seit dem Jahr 2000 jährlich zudem einen mit 5.000 Euro dotierten Stiftungspreis an caritative und soziale Einrichtungen oder auch an Personen vergibt, die Vorbildliches leisten.

Kurt-Jochem Graulich nannte die Stiftung Teil seines Lebens und versprach, diese Arbeit auch in Zukunft mit gleicher Intensität fortsetzen zu wollen. – Kurt-Jochem Graulich: „Ich bin stolz, dass ich als erster einer erfolgreichen Familie mit einer so hohen Auszeichnung bedacht worden bin."

15

Vorbild zu sein ist nicht das Wichtigste,
wenn wir Einfluss auf andere nehmen wollen.
Es ist das Einzige.
Albert Weinstein

Stimmen zur Stiftung

Bürgermeister Michael Antenbrink

Annemarie Dienst

Caritas Main-Taunus, Otmar Vorländer

Nancy Faeser, Mitglied des Landtages

Julia und Jeffrey Gordon, Zentrum im Kraichgau

Pfarrer Martin Hanauer, Evang. Kirchengemeinde Flörsheim am Main

Erster Stadtrat Sven Heß, Vorsitzender „Bürger helfen Bürger e. V."

Christa Hofmann, Hospiz Lebensbrücke

Pfarrer Sascha Jung, Pfarrei St. Gallus Flörsheim am Main

Dekan Klaus Spory, Dekanat Kronberg

Ulrike Schüller-Ostermann, Verein Perspektiven

Hermann Terweiden, Parkinson-Selbsthilfe Schneckenhaus e. V.

Ein Beispiel gelebter Werte

Seit 1995, also seit über zwei Jahrzehnten, tritt die Kurt Graulich Stiftung „Helfen in Not" in der Stadt Flörsheim am Main als ein steter, verlässlicher Akteur im Bereich der sozialen Hilfe auf. Die Stiftung ist in dieser Zeit ein fester Pfeiler des gesellschaftlichen Lebens unserer Stadt geworden und aus diesem schlicht nicht mehr wegzudenken. Die Kurt Graulich Stiftung wird dabei getragen von der Tatkraft sowie der sozialen Einstellung und den Überzeugungen ihres Gründers Kurt-Jochem Graulich, der sich in besonderer Weise seinen Mitmenschen – und vor allem solchen, die sich in Notlagen befinden – verbunden und verpflichtet fühlt. Er wird dabei unterstützt von einem Stiftungskuratorium, dessen Mitglieder sich nicht minder dem sozialen Gedanken verpflichtet wissen.

Kurt-Jochem Graulichs Engagement ist vorbildlich und Beispiel gebend. Als mittelständischer Unternehmer hat er mit der Leitung des von den Großeltern gegründeten Baustoffbetriebs früh Verantwortung übernehmen müssen. Seither führt er nicht nur sehr erfolgreich die Gebrü- der Graulich Baustoff GmbH & Co. KG in unserer Stadt – die eigenen beruflichen Erfolge lassen ihn eine Dankbarkeit empfinden, die für ihn eine der Quellen ist, sich für die weniger Glücklichen und Erfolgreichen in unserer Gesellschaft aktiv und tatkräftig einzusetzen. Kurt-Jochem Graulichs Wirken ist dabei stets an der guten Sache orientiert, die eigene Person in ein helles Licht zu rücken läge ihm völlig fern. Sein Engagement ist ein zur Nachahmung aufforderndes Beispiel gelebter Werte.

Über eine Million Euro hat die Kurt Graulich Stiftung seit ihrer Gründung für soziale Zwecke ausgegeben. In den Genuss der Unterstützung kamen Einzelpersonen und soziale Einrichtungen in der Region – aber auch über sie hinaus – die sich um randständige Gruppen der Gesellschaft kümmern. Viele Flörsheimer Einrichtungen und Projekte, aber auch zahlreiche Bürgerinnen und Bürger unserer Stadt haben bereits von der Unterstützung der Kurt Graulich Stiftung profitieren dürfen. Damit hat sie einen wertvollen Beitrag zum sozialen Zusammenhalt in unserer Stadt geleistet. Als Bürgermeister der Stadt Flörsheim am Main blicke ich mit Dankbarkeit und höchster Wertschätzung auf das Wirken Kurt-Jochem Graulichs und seiner Stiftung.

Als Vorsitzender des Stiftungsrates der Flörsheimer Bürgerstiftung freut es mich besonders, feststellen zu können, dass die beiden sozialen Stiftungen in der Stadt Flörsheim am Main – die Bürgerstiftung und die Kurt Graulich Stiftung – sehr eng und vertrauensvoll zusammenarbeiten. Die Kooperation der beiden Organisationen ist erprobt und hat sich bewährt; in enger Abstimmung helfen sie unbürokratisch und pragmatisch dort, wo Not ist. Ich bin mir sicher, dass die hervorragende Zusammenarbeit der Stiftungen zum Wohle der Flörsheimer Bürgerinnen und Bürger auch in Zukunft wertvolle Früchte tragen wird.

Michael Antenbrink
Bürgermeister
Flörsheim am Main

Warum engagiere ich mich ehrenamtlich?

Über einen längeren Zeitraum habe ich die Vorträge und Benefiz-Veranstaltungen der Kurt-Graulich-Stiftung „Helfen in Not" regelmäßig mit meinem Mann besucht. Durch die anschließenden Gespräche mit dem Gründer der Stiftung, Herrn Kurt-Jochem Graulich, und seinen Schilderungen über all' die Menschen und Gruppen, die sich hilfesuchend und oft in großer Verzweiflung an ihn bzw. die Kurt Graulich Stiftung wenden, habe ich mich entschlossen, diese gute Sache ehrenamtlich zu unterstützen, auch aus Dankbarkeit, dass es mir gut geht und ich gerne etwas davon weitergeben möchte. Der Kurt Graulich Stiftung wünsche ich, dass sie weiterhin durch Aktionen, Spenden und Sponsoren unterstützt wird, denn nur dann kann in Notfällen „schnell und unbürokratisch" geholfen werden.

Herrn Kurt-Jochem Graulich möchte ich alles erdenklich Gute wünschen, besonders Gesundheit und stets gute Entscheidungen.

Annemarie Dienst

Einsatz für eine solidarische Gesellschaft

Kurt-Jochem Graulich unterstützt bereits über viele Jahre die Arbeit des Caritasverbandes für den Bezirk Main-Taunus e. V.

Mehrere Caritas-Einrichtungen waren bereits Preisträger des Stiftungspreises der Kurt Graulich Stiftung: 2005 Ökumenische Wohnhilfe im Taunus e. V.; 2006 Caritas-Altenzentrum Laurentius-Münch-Haus Flörsheim; 2013 Sozialbüro Main-Taunus Hofheim; 2014 Facheinrichtung für wohnsitzlose Menschen, Haus St. Martin Hattersheim.

Mehrere Benefizveranstaltungen der Stiftung wurden zugunsten von Caritas-Einrichtungen organisiert: mit der Big-Band der Bundeswehr 2012, zugunsten des Sozialbüro und zuletzt mit dem Shanty-Chor Rüsselsheim, im September 2016.

Als Verbundpartner des Sozialbüros Main-Taunus wirkt Kurt-Jochem Graulich persönlich über viele Jahre in den Verbundpartnertreffen engagiert mit. Immer wieder bringt er sich als Anwalt der Benachteiligten ein und lebt authentisch seine Grundüberzeugung: Anderen, die auf der Schattenseite des Lebens stehen, zu helfen. – In einer eindrücklichen Feier zur Verleihung des Kurt Graulich Stiftungspreises an das Sozialbüro Main-Taunus, am 6. September 2013, kam dies exemplarisch zum Ausdruck.

In einer Laudatio auf Kurt-Jochem Graulich würdigte der damalige Bischof Franz-Peter Tebartz-van Elst die Persönlichkeit von Kurt-Jochem Graulich, als einen vorbildhaften Unternehmer, der wirtschaftlichen Erfolg und soziale Mitverantwortung zur Gestaltung eines menschlichen Gemeinwesens, in hervorragender Weise verkörpert.

Den Caritasverband Main-Taunus und Kurt-Jochem Graulich verbinden die zentralen Werte einer christlich geprägten Gesellschaft mit menschlichem Antlitz. – Für uns als Organisation und für den Menschen Kurt-Jochem Graulich sind die folgenden Grundüberzeugungen handlungsleitend:

– jeder Mensch ist von Gott geliebt und angenommen
– jeder Mensch hat Talente und Charismen, die ihn wertvoll machen
– jeder Mensch hat auch in den schwierigsten Lebenslagen eine zweite Chance
– keiner ist perfekt, Menschen am Rande können in die Mitte kommen
– es gibt viele Menschen und Gruppen mit Herz und Nächstenliebe, die helfen und begleiten.

Aus diesem Geist heraus, setzt sich die Stiftung und Kurt-Jochem Graulich für eine solidarische und geschwisterliche Gesellschaft ein. Glaube und Nächstenliebe gehören für ihn zusammen. Dies ist im Jakobusbrief des neuen Testamentes im Kapitel 2 Vers 14-16 mit folgenden Worten eindrücklich formuliert: „Meine Schwestern und Brüder, was nützt es, wenn einer sagt er habe Glauben, aber es fehlen die Werke? Kann etwa der Glaube ihn retten?

Wenn ein Bruder oder eine Schwester ohne Kleidung ist, ohne das tägliche Brot und einer von euch zum ihm sagt: geht in Frieden, wärmt und sättigt euch! Ihr gebt Ihnen aber nicht, was Sie zum Leben brauchen – was nützt das?

So ist auch der Glaube für sich alleine Tod, wenn er nicht Werke vorzuweisen hat."

Kurt-Jochem Graulich, seiner Stiftung und den ehrenamtlichen Mitgliedern des Stiftungskuratoriums, gilt der Dank des Caritasverbandes und Anerkennung für sein Lebenswerk und die vielen sozialen Leistungen zugunsten der Menschen in Not.

Wir wünschen Kurt-Jochem Graulich weiterhin Gesundheit, Tatkraft und Gottes Segen.

Otmar Vorländer
Geschäftsführer des Caristasverbandes
für den Bezirk Main-Taunus e.V.

Die Gesellschaft etwas gerechter machen

Es ist mir eine große Freude, Herrn Kurt-Jochem Graulich anlässlich seines 70. Geburtstages zu würdigen. Er ist ein außerordentlich warmherziger Mensch, der es sich zur Aufgabe gemacht hat, denjenigen zu helfen, die nicht auf der Sonnenseite des Lebens stehen.

Aufgrund eines Schicksalsschlages musste Kurt-Jochem Graulich schon sehr früh in seinem Leben viel Verantwortung übernehmen. Er bekam in einem jungen Alter bereits die Leitung des Baustoffunternehmens seiner Großeltern übertragen, was nicht immer leicht war. Er musste auch die schwierigen Seiten des Lebens kennen lernen und bewältigen.

Auf der anderen Seite hat er große Erfolge zu verzeichnen. Aufgrund seiner eigenen Erfahrungen und großer Dankbarkeit für seine Erfolge hat er die Idee für eine Stiftung entwickelt, um anderen Menschen helfen zu können. Die Kurt Graulich Stiftung wurde 1995 gegründet und trägt den Namen seines verstorbenen Vaters.

Seitdem hat Kurt-Jochem Graulich sehr vielen Menschen und Institutionen geholfen. Die Stiftung unterstützt soziale Projekte, die sich um Randgruppen in der Gesellschaft kümmern. Darunter waren unter anderem Einrichtungen für Wohnsitzlose, Drogenberatungen, Einrichtung für psychisch Kranke, Tafeln, Frauenhäuser und Hospiz-Vereine. Aber auch immer wieder Personen, die sich für die Gesellschaft einsetzen und damit vielen Menschen helfen.

Herr Graulich hat mit der Stiftung dazu beigetragen, dass die Gesellschaft etwas gerechter wird und wird dies mit seinem vorbildlichen Einsatz sicherlich weiterhin tun. Er engagiert sich außergewöhnlich stark für die Schwachen in der Gesellschaft und macht dies mit hoher Empathie.

Ich habe Herrn Graulich aber auch in seiner Eigenschaft als Unternehmer kennengelernt und konnte feststellen, dass er auch im Alltag, als Chef des Unternehmens, einen sehr sozialen Führungsstil hat. Aber nicht nur sein Führungsstil zeichnet ihn aus. Er hat auch Menschen in seinem Unternehmen eine Chance gegeben, die sie sonst nicht auf dem Arbeitsmarkt gehabt hätten.

Ich schätze Herrn Graulich außerordentlich und bin sehr froh, ihn zu kennen. Er bereichert mit seinem außergewöhnlich starken Engagement die Gesellschaft enorm. Ich wünsche ihm für die Zukunft alles erdenklich Gute und vor allem viel Gesundheit.

Nancy Faeser
Mitglied des Hessischen Landtages
Innenpolitische Sprecherin der SPD
Generalsekretärin der SPD Hessen

Über einen guten Freund – Kurt-Jochem Graulich

Kurt-Jochem kennen wir seit etwa 30 Jahren. In dieser Zeit haben wir ihn als warmherzigen, großzügigen Menschen mit vielseitigen Interessen und nicht zuletzt als sehr erfolgreichen Unternehmer und Stiftungsgründer kennengelernt.

Prägend für Kurt-Jochem Graulich waren sicher die frühen und schweren Schicksalsschläge, die er erlitten hat. Diese führten bei ihm nicht zu Verbitterung und Rückzug aus dem Leben, sondern zu einer noch größeren Fähigkeit, mit anderen Menschen mitfühlen zu können. Somit ist er nicht nur ein wunderbarer Chef, der stets ein offenes Ohr für seine Mitarbeiter und vor allem für die jungen Leute in seinem Betrieb hat, sondern auch ein Mensch, der durch seine Stiftung, die sich immer weiter verzweigt, seit Jahren schnell und unkonventionell Menschen in Not Hilfe erteilt.

Durch sein starkes Interesse am Menschen und dem Wunsch, zu erfahren, wie Menschen zu dem werden was sie sind, vor allem jedoch durch den eigenen Leidensweg, fand Kurt-Jochem zur Psychologie. Mit Dr. Walther Lechler, dem ehemaligen Chefarzt der Psychosomatischen Klinik in Bad Herrenalb und Begründer des Bad Herrenalber Modells, verband ihn eine gegenseitig wertschätzende Freundschaft. – Es war ihm stets ein Bedürfnis, sein Wissen und seine Lebenserfahrungen weiter zu geben. So denken wir gerne an die Zeit, in der wir gemeinsam organisierte Vortrags-Abende in Flörsheim, mit unterschiedlichen psychologischen und gesellschaftlichen Themen, angeboten haben. Die anschließende Nachlese mit den Referenten und Freunden im Restaurant waren schöne, gesellige und bereichernde Stunden.

Kurt-Jochem Graulich liegt vor allem die Jugend am Herzen und so besuchte er eine zeitlang Schulklassen, um den Jugendlichen von seinem Lebensweg zu erzählen und davon, wie man Schwierigkeiten und Hindernisse im Leben meistern kann. Für die jungen Menschen waren diese Stunden wertvolle und ermutigende Informationen und Erfahrungen, die ein erfolgreicher und gut im Leben stehender Mensch bereit war mit ihnen zu teilen.

Eine wesentliche Lebensphilosophie Kurt-Jochems lässt sich mit einem Zitat von Abraham Lincoln ausdrücken:

„Am Ende sind es nicht die Jahre in deinem Leben, die zählen, sondern das Leben in deinen Jahren."

Mit Kurt-Jochem Graulich und seiner liebenswerten Frau Christel verbindet uns eine langjährige, warmherzige Freundschaft und wir wünschen den Beiden noch viele gute, erfüllte gemeinsame Jahre, um die Früchte all des Guten, das Kurt-Jochem mit Christels Unterstützung getan hat, ernten zu können.

Julia und Jeffrey Gordon
Zentrum im Kraichgau

Bewundernswertes soziales Engagement

Herzliche Gratulation zum 20-jährigen Bestehen der Kurt Graulich Stiftung Helfen in Not! Wir blicken gemeinsam auf zwei Jahrzehnte segensreichen Wirkens, für das ich als Pfarrer der evangelischen Kirchengemeinde überaus dankbar bin.

Mein Dank gilt vor allem dem Stiftungsgründer Kurt-Jochem Graulich, der durch sein soziales Engagement seit vielen Jahrzehnten Menschen in Not Hilfe anbietet und organisiert. Vor allem die Nachhaltigkeit dieser Hilfe ist ihm ein wichtiges Anliegen. So bemühen sich Stiftungsgründer und Kuratorium über die momentane Hilfe hinaus Menschen, die es nicht leicht haben im Leben und die ohne fremde Hilfe ihr Leben nicht meistern können, eine neue Lebensperspektive anzubieten, sie zu ermutigen und zu stärken. Das wird in der breiten Palette der inzwischen siebzehn Preisträger des Stiftungspreises sichtbar: Projekte und Einrichtungen erhielten den jährlich vergebenen Stiftungspreis, die sich entweder um entwurzelte oder drogenabhängige junge Menschen kümmern oder Selbsthilfegruppen für Menschen, die auf der Schattenseite des Lebens stehen, bis hin zu einigen im Aufbau befindlichen sozialen Einrichtungen, wie z. B. die Schwalbacher Tafel oder das stationäre Hospiz Lebensbrücke.

Die jährlichen Preisverleihungen wurden und werden vom Stiftungsgründer in einen liebevollen und wertschätzenden Rahmen eingebunden. Dieser festliche Rahmen bedeutete für die mit der Auszeichnung bedachten Projekte und Einrichtungen neben der finanziellen Stärkung auch eine große emotionale Würdigung und Ermutigung.

Ihr soziales Engagement ergänzte die Kurt Graulich Stiftung mit einer Reihe von Benefizkonzerten und Vortragsabenden, die teilweise im evangelischen Gemeindezentrum stattfanden und hier das Gemeindeleben bereicherten. Informative Vorträge wie zum Beispiel jener über die Ursachen und Behandlungsmöglichkeiten von Essstörungen oder jener Vortrag über die Kraft des Lachens wie auch ein Vortrag über das Älterwerden unter dem Motto: „Das Beste kommt noch" blieben den Teilnehmern in lebhafter Erinnerung, zumal es Kurt-Jochem Graulich immer wieder gelang, aus seinem großen Bekanntenkreis fachlich anerkannte Referenten und brillante Redner zu gewinnen. Lebens- und Glaubensfragen standen dabei oft im Mittelpunkt und gaben mir gerade auch für meine seelsorgerliche Tätigkeit wertvolle Anregungen.

Darüber hinaus hat die Kurt Graulich Stiftung aber auch in vielen Einzelfällen unbürokratisch und schnell Hilfe angeboten und Menschen eine Ermutigung zuteil werden lassen, die ein schweres Lebensschicksal zu meistern hatten, es ohne fremde Hilfe wohl nicht geschafft hätten. Persönlich möchte ich an dieser Stelle mit großer Dankbarkeit davon berichten, wie im Sommer 2006 unter der Schirmherrschaft der Kurt Graulich Stiftung die „Ökumenische Möbelkammer Flörsheim" entstehen konnte, aus der in der Folge das Sozialkaufhaus „Tisch und Teller", in der Trägerschaft des Diakonischen Werks, hervorging:

Die Anfänge dieses großartigen sozialen Projekts reichen bis in die Mitte der 90er Jahre zurück. Damals wurden zur Linderung des menschlichen Leides in Folge des Bosnien-Krieges mehrere Jahre lang Hilfstransporte mit Sachspenden der Flörsheimer Bevölkerung in die Balkanregion organisiert: Kleidung, Möbel, Hausrat etc. wurden je nach Bedarf sortiert und in die Krisenregion transportiert.

Nach Beendigung dieser Hilfstransporte wollten Gemeindemitglieder auch weiterhin mit Sachspenden, insbesondere mit Möbeln, Bedürftige unserer Region unterstützen und haben diese Spenden den Kirchengemeinden zur Vermittlung angeboten. Ein kleiner Lagerraum im Keller des Evangelischen Gemeindehauses in der Erzbergerstraße in Flörsheim stand dafür als vorübergehender Aufbewahrungsraum zur Verfügung.

Mit der Zeit reichte dieses kleine Lager zur Vermittlung von Möbeln an Bedürftige nicht mehr aus. Als Kurt-Jochem Graulich von diesen beengten Verhältnissen erfuhr, bot er an, in einem Lagerraum seines Baustoffhandels am Höllweg eine Fläche von ca. 150 m^2 für eine „Ökumenische Möbelkammer" unter der Obhut der Kurt Graulich Stiftung zur Verfügung zu stellen.

Die ehrenamtlichen Helfer Reinhard Lehrig und Siegfried Grallert konnten nun mit dem Transporter von Pfarrer Martin Hanauer Möbelspenden abholen, sortieren und für Bedürftige präsentieren.

Der Erfolg dieses Projektes war überwältigend und wurde über die Berichterstattung der Presse im Rhein-Main-Gebiet so bekannt, dass auch diese Lagerfläche bald zu eng wurde und die Kräfte, die zum Transport der Sachspenden nötig wurden, an eine Grenze stießen. 2009 bot das Diakonische Werk Main-Taunus an, dieses ehrenamtliche Projekt in seine Trägerschaft zu übernehmen und in einer ehemaligen Druckerei in der Liebigstraße 6 in Flörsheim das Sozialkaufhaus „Tisch und Teller" zu gründen. Dort besteht es nunmehr seit Dezember 2009 und bietet für Langzeitarbeitslose ein sinnvolles Beschäftigungs- und Wiedereingliederungsprogramm.

Für dieses segensreiche Wirken der Kurt Graulich Stiftung empfinde ich eine große Dankbarkeit und wünsche der Stiftung und ihrem Gründer für die Zukunft Gottes Segen.

Pfarrer Martin Hanauer
Evangelische Kirchengemeinde
Flörsheim am Main

Kurt-Jochem Graulich ein sozial engagierter Unternehmer

Für Kurt-Jochem Graulich ist es nach eigenem Bekunden eine Herzenssache, Menschen zu helfen, die auf der Schattenseite des Lebens stehen. Dies gründete auf eigenen Erfahrungen und so entstand der Wunsch, solchen Menschen zu helfen – die Idee der Stiftung war geboren und wurde von Kurt-Jochem Graulich in die Tat umgesetzt. Seit mehr als 20 Jahren ist diese Stiftung, die den Namen seines viel zu früh verstorbenen Vaters trägt, nicht mehr wegzudenken, wenn es um Hilfe und Unterstützung für hilfebedürftige Menschen in Flörsheim am Main und der Region geht. Seit Bestehen der Stiftung wurden über eine Million Euro Hilfegelder ausgezahlt.

Als Sozialdezernent der Stadt Flörsheim am Main und als Vorsitzender des Hilfevereins „Bürger helfen Bürgern e. V." weiß ich um die Sorgen und Nöte von Menschen, die oftmals unverschuldet durch Krankheit oder andere Schicksalsschläge in Not geraten. Wenn andere Hilfe- und Unterstützungssysteme nicht mehr greifen, dann schlägt die Stunde der Kurt Graulich Stiftung, die schnelle und unbürokratische Hilfe bietet. Hierfür steht dem Stiftungsgründer ein mehrköpfiges Kuratorium zur Seite, das die Hilfebedürftigkeit von Antragstellern prüft und über die Zuwendungen entscheidet. In diesem Gremium fällt auch die Entscheidung über den jährlich zu vergebenden Stiftungspreis von 5.000 Euro, mit dem soziale Einrichtungen am Todestag von Kurt Graulich geehrt werden.

Mit finanzieller Unterstützung der Kurt Graulich Stiftung kann der Verein „Bürger helfen Bürgern e. V." nicht nur sein Angebot der mehrwöchigen Patientenbegleitung nach Krankenhausaufenthalten aufrecht erhalten, sondern darüber hinaus auch seine sonstige vielfältige Vereinsarbeit für hilfebedürftige Bürger fortsetzen.

Ich bin froh und dankbar, dass mit Kurt-Jochem Graulich ein sozial engagierter Unternehmer in Flörsheim am Main wirkt und mit seiner Stiftung mit gutem Beispiel voran geht. Das ist bei Weitem nicht selbstverständlich und bedarf deshalb besonderen Lobes.

Sven Heß
Erster Stadtrat
Vorsitzender „Bürger helfen Bürgern e. V."

Hilfe ist vielfältig

Kurt-Jochem Graulich vereint vorbildhaft in seinem Leben was es heißt, ein Unternehmen, seine Baustofffirma zu führen, mit Verstand, Klugheit und allem, was man als Führungskraft braucht.

Was er nie verloren hat, vielleicht auch weil er selbst Schicksalsschläge erfahren hat, auf sein Herz zu hören. Kurt-Jochem Graulich rührt es, wenn Menschen in einen Zustand kommen, in dem jemand nichts oder nur sehr wenig zum Leben haben, Menschen die in eine schlimme Situation geraten, in der jemand dringend Unterstützung braucht. Hier ist dann die Hilfe seiner Stiftung vonnöten.

Was definiert eine Notlage: Armut, Bedürftigkeit, Besitzlosigkeit, Entbehrung, Krise, Mangel, Misere, Ärmlichkeit, Missstand, Mittellosigkeit, Notstand, Armseligkeit, Beschränkung, Elend, Not.

Was bedeutet Komplikation: Ausweglosigkeit, Bedrängnis, Bredouille, Klemme, missliche Lage, missliche Umstände, Patsche, Schlamassel, Zwangslage, Missgeschick, Pech, Debakel, Desaster, Dilemma, Not.

Was heißt Unglück: Qual, Trostlosigkeit, Gram, Leid, Pein, Schicksalsschlag, Traurigkeit, Trübsal, Last, Mühe, Kummer, Melancholie, Not.

Für all diese Attribute tritt Kurt-Jochem Graulich mit seiner Stiftung ein.

Zu den Hilfen gehören u. a. Gas- und Stromrechnung, Jahresticket für die S-Bahn, Zuschuss für ärztliche Behandlung, Zahnprothese oder Brille (Zahlungen, die die Krankenkasse nicht übernimmt), Behandlung von psychisch Kranken, Straßensozialarbeit, Klassenfahrten und vieles mehr.

Regelmäßige Unterstützungen werden u. a. geleistet an: Hospizverein Lebensbrücke Flörsheim, Hattersheimer Tafel, Schwalbacher Tafel, Bürger helfen Bürger, Stern des Südens, Caritasverband Main-Taunus, Perspektiven Oberursel, Frauen helfen Frauen, Seniorenheime, Ökumenische Wohnhilfe im Taunus.

Ich selbst habe Kurt-Jochem Graulich als warmherzigen, vertrauenswürdigen und liebenswerten Menschen kennengelernt. – Die Worte von Johann Wolfgang von Goethe passen zu ihm:

Bleibe nicht am Boden heften,
Frisch gewagt und frisch hinaus!
Kopf und Arm mit heitern Kräften,
Überall sind sie zu Haus;
Wo wir uns der Sonne freuen,
Sind wir jede Sorge los.
Dass wir uns in ihr zerstreuen,
Darum ist die Welt so groß.

Christa Hofmann
Hospiz Lebensbrücke Flörsheim am Main

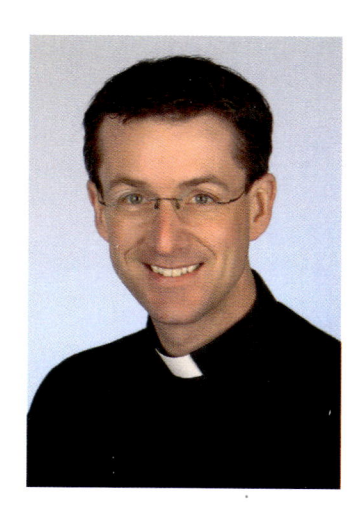

Gelebte Solidarität

Es ist mein zweiter offizieller Besuch in Flörsheim nach meiner Designation als künftiger Pfarrer an St. Gallus gewesen. Gemeinsam mit Architekten und Vertretern des Verwaltungsrates ging es um den möglichen Umbau des Pfarrbüros und die damit verbundene Verlegung der Pfarrerswohnung in den dritten Stock des Pfarrhauses, denn auch hier stand eine Renovierung an. Der Architekt gab mir auch gleich Hausaufgaben auf: mich in einem Baumarkt nach Platten für Bad und Küche umzusehen und eine Auswahl zu treffen. Meine Rückfrage, wo ich denn den nächsten Baumarkt finden würde, wurde sofort beantwortet.

So stand ich eine halbe Stunde später im Eingangsbereich der Firma ‚Gebrüder Graulich Baustoffe'. Ein Mitarbeiter nahm sich meiner freundlich und kompetent an, so dass ganz schnell über die künftige Gestaltung der sanitären und kulinarischen Einrichtungen meiner Wohnung entschieden war. „Sind Sie etwa der neue katholische Pfarrer?", so stellte der Mitarbeiter seine erstaunte Frage, als ich die Lieferadresse nannte. Als ich dies bejahte, ergab sich an der Kasse ein erstes Gespräch, in dessen Verlauf ich nicht nur mit Herrn Sievers in Kontakt kam, sondern auch einiges über die Stiftung erfahren konnte. Jetzt war es nur noch eine Frage der Zeit, bis ich Kurt-Jochem Graulich persönlich vorgestellt werden sollte.

Auch diese Begegnung ist in mir sehr lebendig. Natürlich hatte ich bis zu diesem Zeitpunkt einiges mehr über die Stiftung und ihr Anliegen, Menschen in Not zu helfen, erfahren können. Als Schirmherr engagierte sich Kurt-Jochem Graulich auch bei Veranstaltungen, die mit ihrem Erlös Projekte der Kirchengemeinde unterstützen sollte. Immer wieder also die Verbindung zu einem Menschen, dem das Wohl von notleidenden Menschen ein echtes Herzensanliegen geworden ist.

Mit diesem Wissen stand ich dann eines Tages vor ihm – in seinem Büro, in dem schon früh das Licht brennt … Sein Erzählen machte mir dann auch einsichtig, warum er die große soziale Verantwortung nicht nur wahrnimmt, sondern diese auch zu seinem Anliegen gemacht hat: hier ist ein Mensch, mit seinem Reichtum an Lebenserfahrungen, der um die vielgestaltigen Herausforderungen des Lebens weiß. Wenn Menschen daran zu zerbrechen drohen oder in materielle Not geraten, dann möchte er mit seiner Stiftung helfen und neue Wege, neue Perspektiven für die Zukunft eröffnen. Darum setzt sich die Stiftung im sozial-caritativen Bereich ein und wird zu einem verlässlichen ‚Bündnispartner der Mitmenschlichkeit'.

Es ist bewundernswert, wie viele Menschen Kurt-Jochem Graulich für seine Idee und Stiftung begeistern konnte und immer noch gewinnen kann. Die Veranstaltungen zu Übergabe des Stiftungspreises zeugen von diesem Netzwerk tätiger Hilfe: engagierte Menschen aus Flörsheim und der Umgebung kommen dann zusammen und geben ein Zeugnis gelebter Solidarität und ihrer Verantwortung in Politik, Kirche und Gesellschaft. Die ökumenische Dimension dieses Tuns darf dabei nicht unerwähnt bleiben.

Aufmerksamkeit gegenüber denen, die in Schwierigkeiten stecken. Dies war die eindringliche Forderung von Papst Franziskus, die er in seiner ersten Silvesterpredigt formulierte: „Wir sollten uns mutig fragen: Wie haben wir die Zeit verbracht, die Gott uns geschenkt hat? Haben wir sie vor allem für uns selbst verwendet oder haben wir es geschafft, sie auch für die anderen einzusetzen?" (Papst Franziskus in St. Peter zu Rom am 31.12.2013).

Das Wirken von Kurt-Jochem Graulich und von allen, die sich in seiner Stiftung und für seine Stiftung engagieren, ist eine beständige Einladung, sich mit Aufmerksamkeit und Großzügigkeit den Mitmenschen zuzuwenden und mit Entschiedenheit gegen soziale Not und Ungerechtigkeit vorzugehen. Für dieses Tun danke ich ihm und zolle ihm meinen größten Respekt. Solche Vorbilder suchen Nachahmer. Mögen sich auch in Zukunft viele Menschen mit seinem Anliegen verbinden, um an einer ‚neuen Gesellschaft' mit zu bauen, die sich den sozialen Herausforderungen stellt und sich engagiert für eine Zivilisation der gelebten Nächstenliebe.

Pfarrer Sascha Jung
Pfarrer von St. Gallus Flörsheim am Main

Finanzielle Unterstützung der Kurt Graulich Stiftung eine ganz wichtige Säule

Die Kurt Graulich Stiftung hat es sich zum Ziel gesetzt, Menschen in Not zu helfen. Sie setzt damit ein Zeichen dafür, dass die Verantwortung füreinander gerade im überschaubaren Umfeld einer Region wichtig ist und auch gelebt wird.

Es ist gut und unverzichtbar, dass es in unserem Land ein Netz staatlicher Leistungen und Versicherungsleistungen gibt, die in einer Vielzahl von Fällen Menschen unterstützen, die in Not geraten sind. Aber selbst wenn sich alle gesellschaftlichen Gruppen und Parteien über die Dichte des sozialen Netzes und der damit gesicherten Leistungen einig würden, wären Situationen nicht auszuschließen, in denen Menschen auf private Unterstützung und das persönliche Engagement Einzelner angewiesen sind.

Es ist auch sehr fraglich, ob es wirklich wünschenswert wäre, in allen eventuellen Notfällen allein auf staatliche Hilfe oder anonyme Strukturen zu vertrauen. Die Bereitschaft dazu, dass Einer dem Anderen in der Not beisteht, darf nicht ermüden, weil man meint alle soziale Verantwortung auf staatliche Organe abschieben zu können.

Dem Stiftungsgründer Kurt-Jochem Graulich ist es aus seiner christlichen Grundhaltung heraus wichtig, dass unabhängig von Konfessions- oder Religionszugehörigkeit, von Herkunft und Staatszugehörigkeit Menschen unterstützt werden, die in akute oder anhaltende Notlagen geraten sind.

Für viele soziale Einrichtungen und Initiativen unserer Region ist die finanzielle Unterstützung durch die Kurt Graulich Stiftung eine ganz wichtige Säule bei der Beantwortung der jedes Jahr neu auftauchenden Frage, wie die als nötig erkannten Aktivitäten zu finanzieren sind.

Auch die Schwalbacher Tafel, eine Einrichtung in der Trägerschaft der Evangelischen Familienbildung im Dekanat Kronberg, wird seit ihrer Gründung im Jahr 2007 von der Kurt Graulich Stiftung unterstützt. Neben dem monatlichen Festbetrag hat sich die Stiftung an der Anschaffung eines Kühlbusses für die Abholung der Lebensmittel beteiligt. Auch für Menschen aus dem Umfeld der Tafelarbeit, die in besondere finanzielle Notlage geraten sind, hat sie einmalige Hilfen geleistet.

Im September 2011 wurde die Schwalbacher Tafel mit dem Stiftungspreis der Kurt Graulich Stiftung in Höhe von 5.000 Euro ausgezeichnet. In seiner Rede hat Kurt-Jochem Graulich in bewegender Weise deutlich gemacht, dass er sich in Erinnerung an seinen früh verstorbenen Vater und aus Dankbarkeit für seine eigene Schaffenskraft zur Hilfe für notleidende Menschen verpflichtet fühlt. – Er übergab diesen Preis im Rahmen eines unvergesslichen Konzertes der Limburger Domsingknaben in der katholischen Kirche in Bad Soden-Neuenhain.

Die Schwalbacher Tafel versorgt Menschen vorwiegend aus Schwalbach, Eschborn, Bad Soden und Sulzbach, die Leistungen nach dem sogenannten Hartz IV Gesetz beziehen, mit Lebensmitteln, die der Tafel von Lebensmittelmärkten und Bäckereien überlassen werden. Es handelt sich dabei um Lebensmittel kurz vor dem Erreichen des Mindesthaltbarkeitsdatums oder kurz vor der Überschreitung des Verbrauchsdatums. Bei Obst und Gemüse ist oft schon ein welkes Blatt oder ein angestoßener Apfel Grund dafür, dass die Ware aus den Verkaufsregalen aussortiert wird.

In der Tafel werden alle von den Fahrern angelieferten Waren sorgfältig und Stück für Stück überprüft, sodass nur absolut einwandfreie und für den Verzehr geeignete Ware zur Austeilung kommt.

Wer kommt zu der Schwalbacher Tafel?

Gerade der östliche Teil des Main-Taunus-Kreises gilt als eine der reichsten Regionen unseres Landes. Der Eindruck allgemeinen Wohlstandes in dieser Region täuscht jedoch leicht darüber hinweg, dass auch hier viele Menschen wohnen, die mit ganz geringen Mitteln ihren täglichen Bedarf decken müssen. Es handelt sich dabei um Familien von Langzeitarbeitslosen, die auch in einer Zeit, in der Arbeitskräfte gesucht werden, wegen geringer Qualifikation oder dem Vorliegen von gesundheitlichen Vermittlungshemmnissen kaum Chancen auf einen Arbeitsplatz haben. Alleinerziehenden Frauen und auch Männern ist es oft wegen der Betreuung ihrer Kinder nicht möglich, einen Vollzeitjob auszuüben. Sie bleiben auch bei Übernahme eines Teilzeitjobs auf ergänzende Sozialleistungen angewiesen. Dass Altersarmut nicht nur ein Problem der Zukunft, sondern auch schon der Gegenwart ist, zeigt sich an der Zahl der Rentnerinnen und Rentner unter den Kunden der Tafel. – Zur Zeit kommen jede Woche 350 bis 380 Familien und Alleinstehende zur Schwalbacher Tafel, nachdem ihre Bedürftigkeit anhand entsprechender Unterlagen überprüft wurde.

In den letzten Monaten sind auch mehr und mehr Flüchtlingsfamilien unter den Tafelkunden. Insgesamt hat sich dadurch die Zahl der Familien und Einzelpersonen, die an den drei Ausgabetagen pro Woche zur Tafel kommen, um fast 30 % erhöht.

Warum ist die Unterstützung der Tafeln wichtig?

„In unserem Land muss keiner verhungern". Dieser Satz ist häufig nicht nur an Stammtischen, sondern auch von manchen selbsternannten Sozialexperten zu hören. Wer das sagt, hat auch insofern recht, als unser Sozialsystem jedem Bundesbürger so viel finanzielle Mittel zur Verfügung stellt, dass es für den Erwerb der unbedingt nötigen Lebensmittel reicht.

Die Teilnahme am sozialen Leben unserer Gesellschaft ist jedoch damit noch längst nicht ermöglicht. In einer wohlhabenden Gegend arm zu sein, ist in mancher Hinsicht mit besonderen Problemen der Ausgrenzung und damit auch der Einschränkung der Entwicklungsmöglichkeit gerade der Kinder verbunden. Man muss sich nur vorstellen, was ein Kindergeburtstag für ein Kind aus einer Hartz IV Familie bedeutet. In vielen Familien ist es mittlerweile Standart, dass von den Eltern für die kleinen Geburtstagsgäste ein besonderer Event organisiert wird. Dabei ist der gemeinsame Besuch eines Spaßbades noch das Wenigste. Ein Kind, dessen Eltern sich dies nicht leisten können, ist gerade in einer Klasse mit Kindern aus überwiegend gut situierten Familien sehr bald isoliert, da es eine solche Einladung beim eigenen Geburtstag nicht erwidern kann und so auch bald selbst nicht mehr eingeladen wird. Oft übersteigt schon die Portion Eis an einem heißen Tag für eine Familie mit drei Kindern den sorgsam austarierten Ausgabenplan für den Monat, ganz zu schweigen von den Ausgaben, die eine Reparatur oder gar die Neuanschaffung einer Waschmaschine mit sich bringen.

Stabilisiert die Arbeit der Tafeln die soziale Schieflage unseres Landes?

Manche Sozialwissenschaftler stellen die Arbeit der Tafeln heftig infrage.

Sie argumentieren, dass die Versorgung der Tafelkunden die Notwendigkeit einer gerechteren Verteilung der Güter unseres Landes verdeckt, ja, die Tafeln seien ein perfider Versuch, den zu kurz kommenden Teil der Bevölkerung mit Almosen ruhig zu stellen. Die Menschen, die sich in den Tafeln engagieren, weisen dagegen darauf hin, dass die Existenz der Tafeln und der Zuspruch, den ihr Angebot trotz oft langer Wege für die Kunden erfährt, gerade in unserer Region die Armut vieler Menschen erst sichtbar macht. Selbst erfahrene Lokalpolitiker sind beeindruckt und manchmal auch beschämt, wenn sie bei einem Besuch der Tafel wahrnehmen, wie viele Menschen hier um Lebensmittel anstehen.

Dabei ist darauf hinzuweisen, dass nur 25-30 Prozent der Berechtigten das Angebot der Tafeln wahrnehmen. Grund dafür ist häufig die Scham, sich als mittellos zu outen.

Die Initiatoren und die ehrenamtlichen Mitarbeiterinnen und Mitarbeiter der Tafeln sind sich durchaus dessen bewusst, dass sie Lückenfüller im sozialen System sind, und sie bemühen sich auf unterschiedlichen Wegen, für eine grundsätzliche Verbesserung der Lebenschancen vor allem der betroffenen Kinder einzutreten. Sie sind jedoch auch entschieden der Meinung, dass es in der gegebenen gesellschaftlichen Situation nicht damit getan sein kann, auf eine solche grundsätzliche Veränderung einfach zu warten. Sie sehen die gegenwärtige Not der Menschen und versuchen nach Kräften, den Betroffenen bei deren Meisterung zu helfen.

Auch im Namen der Leiterin der Evangelischen Familienbildung, Cornelia Zimmermann-Müller, bedanke ich mich als Vorsitzender des Fördervereins, der für die Finanzierung der Schwalbacher Tafel verantwortlich ist, ganz herzlich bei Kurt-Jochem Graulich für alle Unterstützung und für seine große Aufgeschlossenheit für alle Probleme, mit denen wir auf ihn zukommen.

Für die weitere Arbeit in der Stiftung und für sein persönliches Leben wünsche ich von Herzen Gottes Segen.

Klaus Spory
Pfarrer i. R.
Bad-Soden Neuenhain

Kurt Graulich Stiftung ist ein Segen

Der sozialpsychiatrische Verein Perspektiven e.V. mit Sitz in Oberursel unterstützt und begleitet Menschen, die aufgrund einer seelischen Erkrankung oder körperlichen Einschränkung auf Hilfe und Unterstützung angewiesen sind, um am gesellschaftlichen Leben teilnehmen zu können. Unser Angebot umfasst Betreutes Wohnen, Tagesstätten, Beratungsstellen und Maßnahmen zur beruflichen Eingliederung.

Vor über zehn Jahren nahmen wir erstmals Kontakt zur Kurt Graulich Stiftung bzw. Herrn Kurt-Jochem Graulich auf. Wir baten damals um einen Zuschuss zu einer Ferienmaßnahme, die wir mit unseren Klienten durchführen wollten. Wir haben nicht nur den gewünschten Zuschuss erhalten, sondern konnten darüber hinaus einen verlässlichen Partner und Freund gewinnen, der unsere Arbeit und notleidende Klientinnen und Klienten bis zum heutigen Tage in vielfältiger Weise unterstützt.

Besondere Veranstaltungen wie Sommerfeste oder Weihnachtsfeiern und Urlaubsfahrten werden regelmäßig über die Kurt-Graulich-Stiftung gefördert. Darüber hinaus steht uns über die Stiftung ein monatlicher Betrag zur Verfügung, mit dem wir Klientinnen und Klienten, die nur kleine Renten oder Grundsicherungsleistungen beziehen, bei der Finanzierung außergewöhnlicher Belastungen (Reparaturen, Zahnarztkosten, Brillen u. v. m.) unterstützen können.

Dabei werden unsere Anliegen an die Stiftung immer schnell, unbürokratisch und wohlwollend bearbeitet. – Als große Wertschätzung unserer Arbeit erlebten wir die Verleihung des Kurt Graulich Stiftungspreises, der uns im Jahre 2012 anlässlich des 25-jährigen Vereinsjubiläums verliehen wurde.

Alles Wirken der Kurt Graulich Stiftung ist eng verbunden und maßgeblich geprägt durch das außergewöhnliche Engagement seines Gründers und Vorsitzenden Kurt-Jochem Graulich. In Gesprächen mit ihm erleben wir, dass er ein tiefes Verständnis für notleidende Menschen und deren Lebenssituation hat und insbesondere um die Folgen von seelischen- oder Suchterkrankungen weiß.

So engagiert sich Kurt-Jochem Graulich auch seit vielen Jahren im Beirat des Vereins Perspektiven. Hier profitieren wir von seinen Ideen und Impulsen.

Dabei tritt Kurt-Jochem Graulich immer bescheiden und unprätentiös auf, passend zu dem Wahlspruch des Vereins: Solange es Menschen in Not gibt, wird unsere Hilfe gebraucht. Dieser Satz ist schlicht aber bestimmend und voller Aussagekraft.

Die Kurt Graulich Stiftung ist ein Segen für unsere Arbeit. Wir danken Kurt-Jochem Graulich und allen Menschen, die sich für die Stiftung engagieren, sehr aufrichtig.

Ulrike Schüller-Ostermann
Geschäftsführerin
Verein Perspektiven e. V. Oberursel

Was wirklich zählt ist Menschlichkeit

Lieber Herr Kurt-Jochem Graulich „Was wirklich zählt ist Mitmenschlichkeit" ...

Mit den Worten unseres ehemaligen Bundespräsidenten Roman Herzog kann man die segensreiche Arbeit der von Ihnen 1995 gegründeten Kurt Graulich Stiftung gut charakterisieren.

Dass ich im Jahr 2000 als Parkinsonkranker der Nutznießer des mit 10.000 Mark hochdotierten erstmals vergebenen Stiftungspreises wurde, erfüllt mich als gebürtigen Flörsheimer mit besonderem Stolz.

Sie und Ihr Stiftungskuratorium zeichneten mich für mein Lebenswerk „Schneckenhaus" im rd. 70 km entfernten Wetterauer Florstadt-Staden aus.

Im Jahr 1994 hatte ich es gewagt, als früh Erkrankter (1950 geboren – 1965/66 erkrankt) zusammen mit der Schwerstkranken Mitinitiatorin Hilde Ulrichs ein Pionierprojekt für bessere Lebens- und Wohnbedingungen für Parkinsonkranke zu beginnen. Über den eigens dafür gegründeten gemeinnützigen Verein „Parkinson-Selbsthilfe Schneckenhaus e. V." erwarben wir mit hohem persönlichen Risiko im historischen Ortsteil von Florstadt ein marodes Fachwerkhaus mit Scheune. Der geplante schnelle Aus- und Neubau des Anwesens scheiterte zunächst an Geld-, Krankheits- und Bauproblemen, vor allem aber an vielen bürokratischen Hürden!

Hilde Ulrichs verstarb am 21. Mai 1997 im heimischen Schneckenhaus, nachdem ich am 11. April 1997, dem 1. Welt-Parkinson-Tag die „Hilde-Ulrichs-Stiftung für Parkinsonforschung" ins Leben gerufen hatte.

Anfang 1998 gelang mir mit meiner neuen Lebensgefährtin Heide Cuntz der Durchbruch. Nach drei Ablehnungen von „Aktion Mensch" flossen endlich die wichtigen Fördergelder aus Bonn, mit denen der professionelle Aus- und Neubau des Modellprojektes für krankheitsgerechtes Leben- und Wohnen realisiert werden konnte. Trotz vieler Hindernisse gelang nun im September 1999 die Fertigstellung der ersten Informations-, Begegnungs-, Beratungs- und Wohnstätte von und für Parkinsonkranke.

Die Tatsache, dass mit Heide Cuntz und mir, zwei Parkinsonerkrankte, wir die Rund-um-Versorgung von vier schwerstkranken Mitbewohnern bewerkstelligten, spielte sicherlich eine Rolle bei der Nominierung für den Erhalt des Kurt Graulich Stiftungspreises. Ein Besuch im Schneckenhaus überzeugte Sie als Stiftungsgründer.

Der würdige Rahmen der Preisverleihungsfeier in meinem Heimatort wird mir und allen damaligen Schneckenhaus-Bewohnern im Gedächtnis bleiben. Diese Veranstaltung rückte das Thema „Parkinson" in den Fokus der Öffentlichkeit und bot Gelegenheit für vielfältige Begegnungen. Wichtig war für unsere damalige Situation auch, dass wir das stattliche Preisgeld frei verwenden durften.

Unvergessen und für unsere Öffentlichkeitsarbeit richtungsweisend war 2001 der erfolgreiche Verlauf der gut angenommenen Benefiz-Veranstaltung des „1. Flörsheimer 24-Stunden-Laufes". – Sie übernahmen dankenswerter Weise für unsere erste Großveranstaltung im Rhein-Main-Gebiet nicht nur die Schirmherrschaft, Sie „rannten" auch als aktiver Teilnehmer mit gutem Beispiel voran! Beteiligt waren Sie auch an der „Geburtsstunde" von bis zu 10 Meter großen Schnecken für diese Veranstaltung in meiner Geburtsstadt. Auf großzügig zur Verfügung gestellten Kunststoffplanen aus dem Baumarkt Ihrer Fa. Graulich malten junge Gefangene der JVA in Wiesbaden unser Vereinssymbol, die lachende Schnecke. Mit diesen nicht zu übersehenden freundlichen Großschnecken kamen wir im gleichen Jahr erstmals zum Buß- und Bettag bis vor das Kanzleramt in Berlin. In den Jahren 2002 und 2003 kamen wir nicht nur vor das Kanzleramt, sondern auch zu Gesprächen hinein. Im Vorfeld waren wir immer gut versorgt mit Gummi- und Stahlseilen, sowie Werkzeug Ihres Baumarktes.

Die unbürokratische Vorgehensweise der Kurt Graulich Stiftung war und ist ein Segen, gerade für uns häufig schreibeingeschränkte Parkinsonkranke. Es ist erfreulich, dass wir Im Laufe der Jahre immer wieder finanzielle Unterstützung durch Ihre Stiftung erhielten und die Verbundenheit durch Einladungen zu Preisverleihungsfeiern und Benefiz-Veranstaltungen geblieben ist. Selbst seit ich Ende Januar diesen Jahres den Vorsitz der Hilde-Ulrichs-Stiftung für Parkinsonforschung abgegeben habe, lassen Sie meinen engagierten Nachfolgern weiterhin Hilfe zukommen.

Lieber Herr Kurt-Jochem Graulich, ich bedanke mich, auch im Namen aller Parkinsonkranker, die von Ihrer jahrelangen Hilfe profitiert haben.

Ich wünsche Ihnen, Ihrer Familie und Ihrer Kurt Graulich Stiftung alles Gute.

Es grüßt Sie herzlichst

Hermann Terweiden
Parkinsion-Selbsthilfe Schneckenhaus e. V.

Der „1. Flörsheimer 24-Stunden-Lauf" war eine Benefiz-Veranstaltung für die Parkinson-Selbsthilfe Schneckenhaus e. V. – Für den Initiator Hermann Terweiden (vierter von rechts im gelben Shirt) übernahm Kurt-Jochem Graulich (zweiter von links neben Bürgermeister Ulrich Krebs – heute Landrat im Obertaunus-Kreis) gerne die Schirmherrschaft.

Der Stiftungspreis

In einer Zeit, die geprägt ist von Egoismus sowie sozialer Kälte und Werte immer weniger gefragt sind, hilft die Kurt Graulich Stiftung vor allem auch Randgruppen der Gesellschaft. 1999 überraschte Kurt-Jochem Graulich mit einer besonderen Idee, die den Gedanken der Hilfe zur Selbsthilfe in vorbildlicher Weise unterstreicht.

Zusätzlich zu den Monat für Monat vergebenen Hilfen rief er den alljährlichen Stiftungspreis der Kurt Graulich Stiftung ins Leben. Im Gründungsjahr des Preises noch mit 10.000 DM dotiert, halbierte sich die Zahl mit der Einführung der neuen Euro-Währung auf 5.000 Euro. Dieser Preis wird seitdem regelmäßig verliehen.

Die Empfänger des Stiftungspreises werden von Vorstand und Kuratorium sorgfältig ausgesucht. Infrage kommen Einzelpersonen, Institutionen und Gruppierungen, die selbstlos und uneigennützig Menschen helfen und deren Arbeit den Zielen und Grundsätzen der Kurt Graulich Stiftung vollinhaltlich entsprechen.

Bis heute wurden siebzehn Preisträger mit dem Stiftungspreis der Kurt Graulich Stiftung bedacht. Das allein entspricht einer Summe von 105.000 Euro. Allen Preisträgern ist eins gemein, sie wurden jeweils überrascht von dem großzügigen Betrag, der sie in die Lage versetzt, eigene Hilfsprojekte in Angriff zu nehmen und umzusetzen.

Längst ist die Verleihung des Stiftungspreises zu einem gefragten Event avanciert. Besondere Räumlichkeiten wie die Stadthalle Flörsheim, das Airport-Country-Hotel in Bad Weilbach, das Pfarrzentrum St. Gallus, die Kirche in Bad Soden-Neuenhain, die Liebfrauenkirche in Frankfurt oder auch die Kapelle im Marienkrankenhaus in Flörsheim sorgten für ein besonderes Ambiente. Entsprechende Musikgruppen wie u. a. die Hispanos aus Rüsselsheim, die Limburger Domsingknaben, das Duo Balance aus Rheinland-Pfalz oder auch der Shanty Chor Rüsselsheim waren stets mehr als nur Rahmen für die Preisübergabe. Sie sorgten mit ihren Darbietungen für einen besonderen Kunstgenuss, der die feierliche Übergabe des Stiftungspreises in schönster Art und Weise ergänzte.

Kurt-Jochem Graulich ist ein vielbeschäftigter Mann, der neben seinem Baustoff-Unternehmen seit mehr als zwanzig Jahren auch die von ihm gegründete Kurt Graulich Stiftung >Helfen in Not< aktiv und mit viel Engagement führt und voran treibt. Zahlreiche Ehrenämter unterstreichen das soziale Handeln. – Kraft und Unterstützung findet er bei seiner Frau Christel, mit der er seit zwanzig Jahren in dritter Ehe verheiratet ist. Christel Graulich steht von Anfang an hinter dem sozialen Handeln ihres Mannes und unterstützt sein vielfältiges Wirken auf beruflichem und sozialem Bereich. Mit viel Verständnis für sein umfangreiches Arbeitspensum, ist sie immer an seiner Seite, gerade, wenn es um die Stiftung geht, die auch ihr längst zu einer Herzensangelegenheit geworden ist.

Die Preisträger des Stiftungspreises

2000 Parkinson-Selbsthilfe Schneckenhaus e. V., Florstadt-Staden
2001 Hospizverein Lebensbrücke e. V., Flörsheim am Main
2002 Therapeutische Wohngemeinschaft „Camille", Königstein
2003 Frauenhaus „Frauen helfen Frauen", Hofheim am Taunus
2004 Kapuziner Kloster Liebfrauen „Franziskustreff", Frankfurt
2005 Ökumenische Wohnhilfe im Taunus e. V., Hofheim am Taunus
2006 Caritas Altenzentrum Laurentius-Münch-Haus, Flörsheim am Main
2007 Sophie-Scholl-Schule, Flörsheim am Main
2008 Hospizverein-Lebensbrücke e. V., Flörsheim am Main
2009 Sabine Bätzing, Drogenbeauftragte der Bundesrepublik Deutschland
2010 Dr. Henrik Jungaberle, Institut f. med. Psychologie/Universitätsklinikum Heidelberg
2011 Schwalbacher Tafel, Bad Soden/Schwalbach am Taunus
2012 Verein Perspektiven e. V., Oberursel
2013 Sozialbüro Main-Taunus, Hofheim am Taunus
2014 Haus St. Martin am Autoberg, Hattersheim am Main
2015 Freundes- u. Förderkreis Marienkrankenhaus e. V., Flörsheim am Main
2016 Nachbarschaftshilfe Taunusstein e. V., Taunusstein

Die Qualität des eigenen Lebens
befindet sich nicht in der Zukunft,
sondern in der Gegenwart.
Friedrich Assländer

Wohnprojekt von und für Parkinsonkranke
Erster Stiftungspreis für Hermann Terweiden

Im fünften Jahr des Bestehens der Kurt Graulich Stiftung führt Stifter Kurt-Jochem Graulich zusätzlich einen Stiftungspreis in Höhe von 10.000 DM ein. – Dieser Preis wird an Persönlichkeiten vergeben, die in ihrem privaten und beruflichen Handeln die ideellen, sozialen und gesellschaftspolitischen Ziele und Vorhaben der Stiftung leben und verwirklichen.

Im Vorfeld bemühte sich das Kuratorium der Kurt Graulich Stiftung darum, einen geeigneten Preisträger für den ersten Stiftungspreis zu finden. Gesucht wurde eine Person, eine Organisation oder Einrichtung, möglichst aus dem Main-Taunus-Kreis. Am liebsten sah man den ersten Preisträger in Flörsheim, dem Wirkungsort der Stiftung beheimatet.

Mit Hermann Terweiden, in Flörsheim geboren, an Parkinson erkrankt und Initiator der Parkinson-Selbsthilfe e. V. Schneckenhaus in Florstadt-Staden, war bald ein würdiger Preisträger gefunden. – Bei Hermann Terweiden wurde die Krankheit erst im Alter von 42 Jahren erkannt. Er steckte damals den Kopf nicht in den Sand, sondern gründete – nachdem die erste Schockstarre überwunden war – das Schneckenhaus in Florstadt-Staden. – Dort, in einem umgebauten Bauernhaus mit fünf Appartements, Küche, Gemeinschaftsräumen, Treppenlift und höhenverstellbaren sanitären Einrichtungen ist die Parkinson-Selbsthilfe e. V. Schneckenhaus beheimatet. –

Kurt-Jochem Graulich verschaffte sich bei einem Besuch vor Ort einen ersten Eindruck. Er verdeutlichte die Bindung der Stiftung zu diesem Selbsthilfeverein sei allein schon deshalb gegeben, weil er von dem Flörsheimer Hermann Terweiden gegründet worden war. Zudem brauchte die Parkinson-Selbsthilfe e. V. Schneckenhaus jede Mark, um die vielfältigen sich selbstgesetzten Aufgaben und Vorhaben gezielt umsetzen zu können.

Stifter und Kuratorium waren sich schnell einig, den richtigen Preisträger gefunden zu haben. – Das Schneckenhaus in Florstadt-Staden ist das erste deutsche Wohnprojekt von und für Parkinsonkranke.

Während der Preisübergabe, die im Rahmen einer Feierstunde im Foyer der Stadthalle Flörsheim stattfand, referierte Dr. Wolfgang Götz, Vorsitzender der Deutschen Parkinson-Vereinigung, über die Krankheit, deren Verlauf und die Möglichkeiten der Linderung. Eine Heilung der Krankheit gibt es (noch) nicht, verdeutlichte er.

Kurt-Jochem Graulich betonte vor zahlreichen Ehrengästen und Freunden des Preisträgers, wie sehr es ihn freue, den ersten Stiftungspreis der Kurt Graulich Stiftung, dotiert mit 10.000 DM, an den gebürtigen Flörsheimer geben zu können. Was Hermann Terweiden in Florstadt-Staden geschaffen und aufgebaut hat, habe ihn sehr beeindruckt. „Hermann Terweiden ist ein Mensch, der sich trotz eigener Erkrankung in vorbildlicher Art und Weise und in ungewöhnlichem Ausmaß um Mitmenschen kümmert und somit allen selbstgesteckten Zielen der Stiftung vollinhaltlich entspricht", freute sich der Stifter.

Recht auf Leben – Recht auf Sterben
Stiftungspreis 2001 für Hospizverein „Lebensbrücke"

Der Hospizverein „Lebensbrücke" in Flörsheim erhielt 2001 den mit 10.000 Mark dotierten Stiftungspreis der Kurt Graulich Stiftung. Stiftungsvorstand Kurt-Jochem Graulich überreichte den Scheck an Christa Hofmann, Vorsitzende des Hospizvereins, die sich sichtlich freute und versprach, dieses Geld komme allen Menschen zu Gute, die im Hospiz leben.

Kurt-Jochem Graulich begrüßte zu Beginn der kleinen Feierstunde den ersten Preisträger aus dem Jahr 2000, Hermann Terweiden, sowie den Festredner Hartwig von Papen, den langjährigen Klinikseelsorger der Uniklinik Mainz. In seinem Vortrag „Recht auf Leben – Recht auf Sterben" plädierte von Papen für eine Enttabuisierung des Themas Sterben und Tod in unserer Gesellschaft. „Wenn wir die Endlichkeit unseres Seins vergessen, befürchte ich, dass wir etwas im Leben und etwas in unserer Gesellschaft verlieren."

Den Umgang mit der Endlichkeit stellte Hartwig von Papen in den Mittelpunkt seiner Ausführungen und erinnerte an einen Brief Mozarts. Dieser schrieb vier Jahre vor seinem Tod an seinen Vater und bezeichnete den Tod als wahren Freund des Menschen, als Schlüssel zur wahren Glückseligkeit, wenn man jeden Tag wie seinen letzten lebe. – Diese Endlichkeit habe Auswirkungen auf unsere Lebensgestaltung und unsere Lebenswerte, so der Referent und verwies auf die Problematik medizinischen Fortschritts sowie Lebensverlängerung durch Apparatemedizin, die die Autonomie des Menschen einschränke.

Zur vermehrten Zustimmung für die aktive Sterbehilfe, wie beispielsweise in Holland, bezog der Referent Stellung und zog ein Fallbeispiel heran. Wenn es gelänge, Patienten von Schmerzen zu befreien, verstumme die Sehnsucht nach Tod und Leidensende und damit der Ruf nach aktiver Sterbehilfe. In der Palliativmedizin und Schmerztherapie würde dafür viel aber noch nicht alles getan. – Ein Mensch ohne Schmerzen habe die Möglichkeit, Dinge zu Ende zu bringen, Beziehungen zu leben und Sterbebegleitung als Zeit des Lebens zu erfahren, wie es die Hospizbewegung fördern wolle, so Hartwig von Papens Überzeugung.

Hans-Jürgen Wagner, Kuratoriumsmitglied der Kurt Graulich Stiftung, machte die Zielsetzung der Stiftung deutlich, Menschen in Not zu einem besseren Leben zu verhelfen. Damit wolle die Stiftung dem Staat keine Pflichten abnehmen, aber ihn um der Menschen willen unterstützen. Die Stiftung habe den Hospizverein „Lebensbrücke" als Preisträger ausgewählt, weil der in wenigen Jahren Beispielhaftes aufgebaut habe und dem Leben in vorbildlicher Weise diene. Christa Hofmann sei als Vorsitzende Motor des Vereins.

Auch Christa Hofmann anerkannte die problematische Diskrepanz zwischen Lebensverlängerung wider Willen und Sterben in Würde und wies auf die Bedeutung des Namens „Hospiz" hin: Rasthäuser, die einst an Stellen errichtet waren, wo der Weg gefährlich wurde. Die meisten Menschen stürben in Kliniken, doch gleichzeitig wünschten die meisten, zu Hause zu sterben – mit der nötigen Hilfe und menschlicher Nähe durch Angehörige.

Mit Stolz und Genugtuung wies Christa Hofmann auf den Flörsheimer Hospizverein hin, der bereits 70 Mitglieder habe und dessen Wirkungsbereich auch in umliegende Gemeinden greife. Die Zahl der ausgebildeten Hospizhelferinnen, damals bereits 33, sei ständig im Wachsen. Außerdem werde eine Trauergruppe ins Leben gerufen. Der Stiftungspreis der Kurt Graulich Stiftung werde vorrangig in dem Schwerpunkt Ausbildung eingesetzt.

Heller Stern am Horizont der hessischen Suchthilfe
Stiftungspreis 2002 für Frauentherapie-Einrichtung „Camille"

Die Frauentherapie-Einrichtung >Camille< in Königstein, ein Modellprojekt für Frauen mit Suchtproblemen, wurde vom Kuratorium der Kurt Graulich Stiftung als würdiger Preisträger für den mit 5.000 Euro dotierten Stiftungspreis 2002 ausgewählt. – Die für Hessen einmalige therapeutische Wohngemeinschaft mit elf Plätzen, nur für Mädchen und Frauen, kann nach zehn Jahren auf beachtliche Erfolge stolz sein.

Von den inzwischen über neunzig Klientinnen sind 86 Prozent wieder sozial integriert. Das besondere Konzept, für jede der dort lebenden Frauen wird eine individuelle Therapie gemeinsam mit ihnen entwickelt, die Vertrauen in ihre Eigenverantwortung bringen soll, so wird ihnen gleichzeitig wieder Freude am Leben vermittelt.

Zu der Feierstunde der Übergabe des Stiftungspreises 2002 in der Stadthalle Flörsheim konnte Kurt-Jochem Graulich besondere Gäste begrüßen. Bundestagsabgeordneten Gerald Weiss, Lothar Dicks vom Hessischen Sozialministerium, Margarethe Nimsch, Vorsitzende des Trägervereins „Calla" e.V. sowie Heike Lange, Leiterin der therapeutischen Wohngemeinschaft „Camille" waren nach Flörsheim gekommen.

Auf die Grenzen des Sozialstaates und das schwierige Kapitel Drogenhilfe ging der Bundestagsabgeordnete und ehemalige Staatssekretär Gerald Weiss ein. Bei organisierter Solidarität wie den Generationenverträgen bei der Kranken- und Rentenversicherung würden die Grenzen der Leistung deutlich und man tendiere zunehmend in Richtung zwei-Klassen-Medizin. Somit dürfe sich der Sozialstaat nicht nur auf staatliche Abteilungen beschränken, sondern müsse auch durch eine aktive Bürgergesellschaft Kapazitäten freisetzen. Bei Drogenhilfe sei das ein besonders schwieriges Unterfangen. Gelinge der Brückenschlag zurück ins eigenverantwortliche Leben, sei das ein beachtlicher Erfolg. Mit Blick auf die unbürokratische Hilfe der Kurt Graulich Stiftung sagte Gerald Weiss: „Solche Kräfte der Selbstverantwortung muss man fördern."

Und genau um das Stärken von Kräften für Selbstverantwortung gehe es auch bei dem Projekt >Camille<, das nach den Worten von Lothar Dicks vom Hessischen Sozialministerium, einen besonderen Weg eingeschlagen und neue Formen von Therapie speziell für Frauen gesucht und gefunden habe. – Nach zehn Jahren könne man mit Stolz feststellen „es hat sich gelohnt."

Nachdem Kurt-Jochem Graulich Heike Lange, Leiterin von >Camille<, „den kleinen Umschlag mit viel drin" überreicht hatte, dankte sie sichtlich bewegt auch im Namen der anwesenden Kolleginnen und Bewohner der Therapie-Einrichtung. Die landläufige Meinung zu Drogenabhängigen „die sind doch selbst schuld" wies sie vehement zurück und verwies darauf, dass in Deutschland jede vierte Familie von einer Form von Sucht betroffen sei. – Der Stiftungspreis sei ein großer Betrag, so Heike Lange, mit diesem Geld wolle man einen großen Garten anlegen als Zeichen für ein neues drogenfreies Leben.

Die A-capella-Gesangsgruppe >Fanta 5< aus Wicker bestach mit beachtlichen Stimmen und eigenen Arrangements und verlieh der Preisverleihung einen besonders festlichen Rahmen. – Gabi und Roger Heimbuch, Ralf Venino, Maureen Hart und Kristina Blaha erhielten langanhaltenden Applaus. Kurt-Jochem Graulich brachte es auf den Punkt: „Ihr Auftritt war ein Genuss."

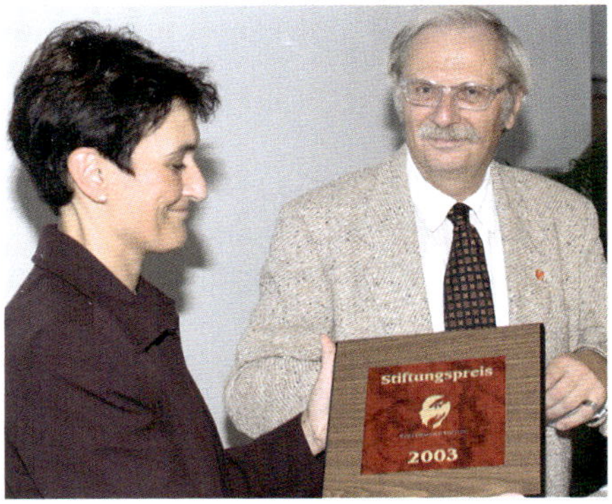
Stiftungspreis
2003
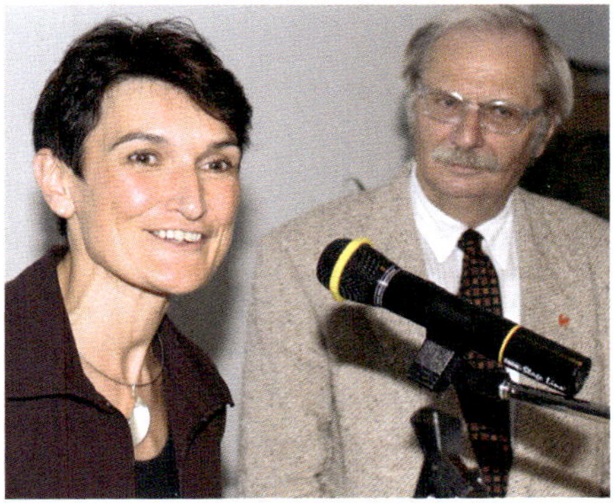
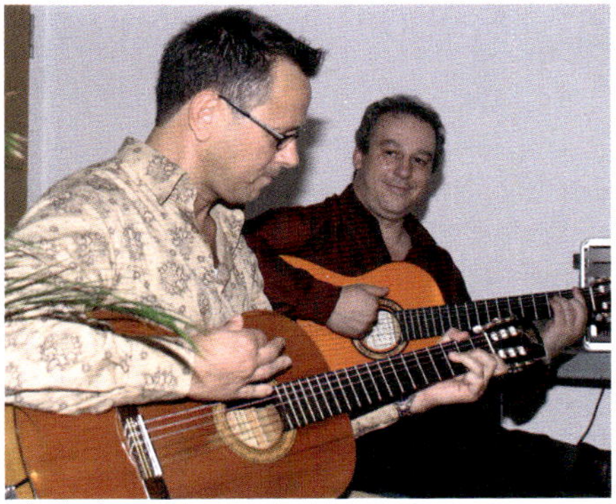
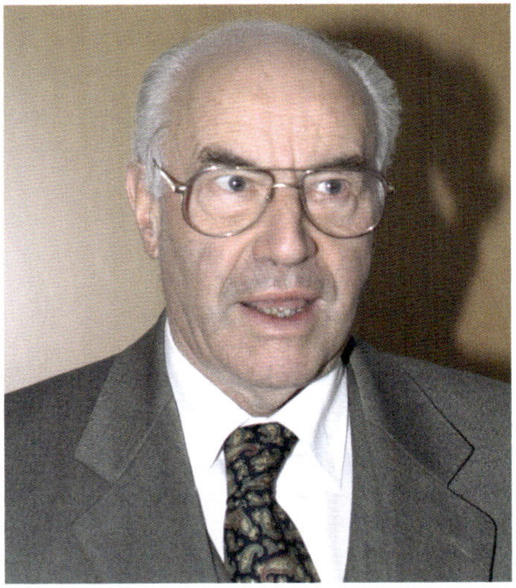
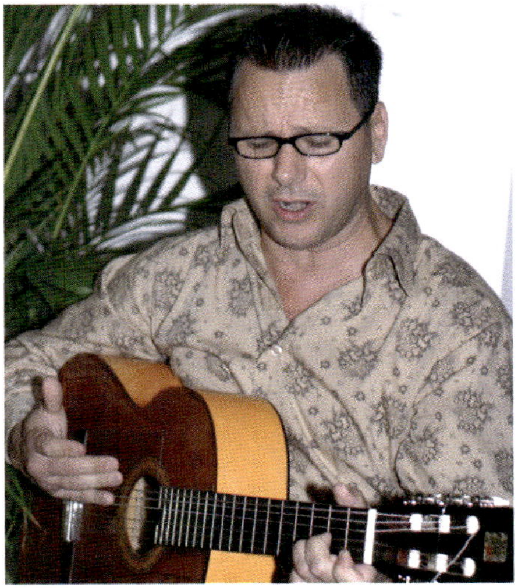
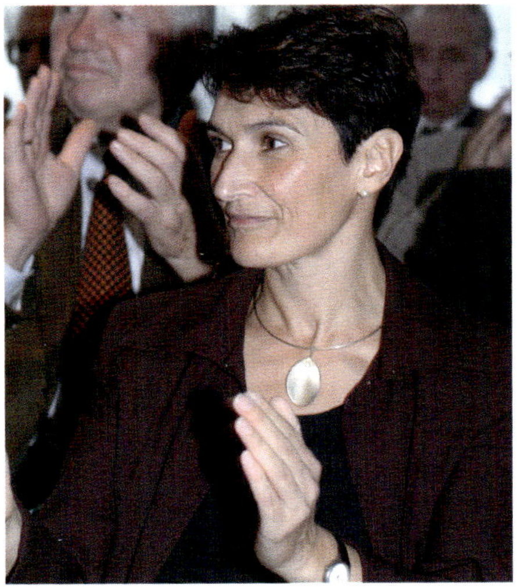
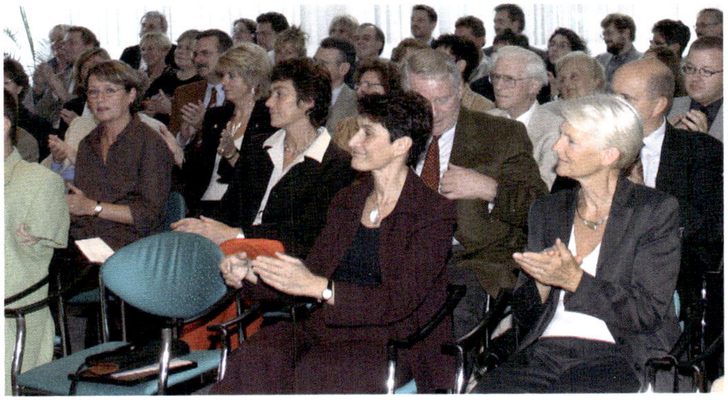
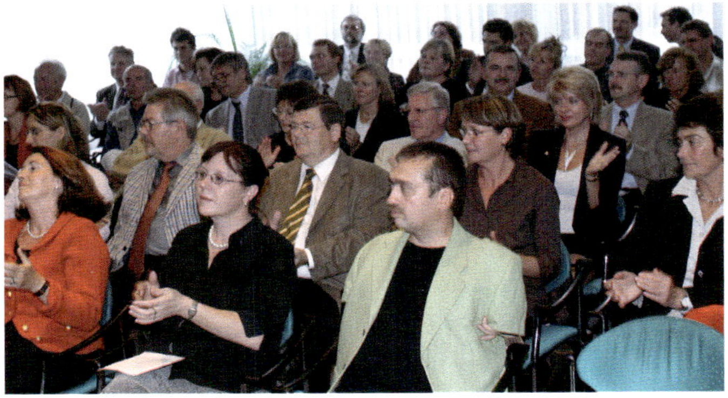

5.000 Euro kommen zur richtigen Zeit
Stiftungspreis 2003 für Verein „Frauen helfen Frauen"

Seit Einführung des jährlich vergebenen Stiftungspreises kommen die ausgelobten 5.000 Euro immer zum richtigen Zeitpunkt. So auch 2003, als der Stiftungspreis an den Hofheimer Verein „Frauen helfen Frauen", der das Hofheimer Frauenhaus und die Beratungsstelle betreibt, vergeben wurde. Bei der kleinen Feierstunde im Airport Country Hotel in Bad Weilbach freute sich Anita Pieper vom Frauenhaus Hofheim über den Kurt Graulich Stiftungspreis.

Man habe kürzlich die Nachricht bekommen, so Anita Pieper, dass die Landesmittel ab 2004 um 2.600 Euro gekürzt werden. „So ein Preis ist gut, weil wir jetzt schon wissen, dass für das nächste Jahr Geld da ist." An ein bestimmtes Projekt oder Anschaffungen sei derzeit nicht zu denken. Das Geld werde für die Deckung der laufenden Ausgaben benötigt. Das Land habe schon seit 1995 Zuschüsse eingefroren, von denen eigentlich drei Personalstellen finanziert werden sollten. Mit den zur Verfügung stehenden Mitteln seien aber nur knapp zwei Stellen finanziert worden, so dass die sieben Mitarbeiterinnen, die sich fünf Stellen im Frauenhaus teilen, zunehmend darauf angewiesen seien, andere Geldquellen zu erschließen.

Die Hofheimer Einrichtung sei mit der Mittelkürzung von „nur" 2.600 Euro noch relativ gut weg gekommen. Denn in ganz Hessen seien Landesmittel um ein Drittel gekürzt worden. Acht Frauenhäuser haben komplett geschlossen werden müssen.

Veronika Kiekheben-Schmidt-Winterstein, ehemalige Vizepräsidentin des hessischen Landtags und auch Gründungsmitglied von Frauen helfen Frauen, würdigte in ihrer Festrede das Engagement und die Arbeit der Frauen. Das Team des Frauenhauses sei über die Kreisgrenzen hinaus anerkannt – auch, weil ein großes Netzwerk zu verschiedenen anderen Organisationen und Einrichtungen aufgebaut wurde. – Veronika Kiekheben-Schmidt-Winterstein: „Ihr habt tolle Arbeit zum Wohl der Frauen geleistet."

Stiftungsvorstand Kurt-Jochem Graulich überreichte den Stiftungspreis und freute sich, dass das Kuratorium der Stiftung das Frauenhaus ausgewählt habe. „Der Preis trifft hier die wichtige und richtige Einrichtung", so Kurt-Jochem Graulich. – Für heitere musikalische Momente während der Feierstunde sorgte die Rüsselsheimer Gruppe „Hispanos" mit ihrem Chef Pedro Sanchez, mit spanischer Gipsi Musik und dem typischen fröhlichen und dann wieder melancholischen Gesang.

43

Franziskustreff im Kapuzinerkloster Liebfrauen
Stiftungspreis 2004

Einen Steinwurf von der Hauptwache und einen Katzensprung von der Konstabler Wache entfernt, liegt mitten im alten Frankfurt, im Geviert zwischen Holzgraben, Liebfrauenstraße / Neue Kräme, Bleidenstraße / Töngesgasse das Kapuzinerkloster mit der Liebfrauenkirche am Liebfrauenberg. – Und genau dort, im Kapuzinerkloster Liebfrauen im Schärfengässchen 3, gibt es eine Hilfseinrichtung für Wohnungslose und Menschen in Not, den 1992 gegründeten Franziskustreff.

Die Gemeinschaft der Kapuziner geht auf Franziskus von Assisi zurück, der in seinem Testament sagt, es sei ihm vom Herrn aufgegeben, mit den Armen, Aussätzigen, den Menschen am Rande zu leben und ihnen Barmherzigkeit zu erweisen.

Im Kloster bei der Liebfrauenkirche klopfen Hilfsbedürftige nie umsonst. Anstelle von belegten Broten, die Armen in früheren Jahren durch die Klappe an der Pforte gereicht wurden, hat sich mit der Einrichtung des Franziskustreff die Hilfsbereitschaft hin zu praktizierter Gastfreundschaft entwickelt. Wohnungslosen Menschen und anderen Hilfesuchenden wird hier ein Frühstück und die Möglichkeit zum Aufenthalt im Warmen und in angenehmer Atmosphäre geboten. – Montag bis samstags und an besonderen Feiertagen sind die hellen, gastfreundlichen Räume von 8.15 bis 11.30 Uhr und zusätzlich mittwochs von 13.30 bis 17.30 Uhr geöffnet.

Diese Einrichtung sollte den Stiftungspreis 2004 bekommen überzeugten sich die Kuratoriumsmitglieder und Kurt-Jochem Graulich von der besonderen Herzlichkeit. „Wir heißen alle hilfesuchenden Personen bei uns willkommen", sagte Bruder Wendelin und Bruder Paulus betonte: „Wichtig ist uns die menschliche Atmosphäre im Umgang mit unseren Gästen. Alle sollen das Gefühl haben, herzlich willkommen zu sein." – Die täglichen Besucher der Einrichtung werden als Gäste bezeichnet. „Alle sollen das Gefühl haben, sich hier wohlfühlen zu dürfen."

Der Gastraum ist nicht nur zweckmäßig, sondern gemütlich und liebevoll eingerichtet. Wohlfühlatmosphäre! Eine große Küche ist angegliedert, in der fleißige Hände Kaffee und Tee kochen, verschiedene Sorten Brot aufschneiden und Platten appetitlich mit Wurst und Käse belegen. Die fertigen Platten und Kannen werden anschließend zu den liebevoll gedeckten Tischen im Gastraum getragen, an denen sich die Gäste niedergelassen haben. Frühstück, Wärme, Geborgenheit für Menschen von der Straße.

Stiftungsvorstand und Kuratorium der Kurt Graulich Stiftung waren sich schnell einig, den Stiftungspreis 2004 in Höhe von 5.000 Euro an diese Einrichtung zu geben.

Zwei Wochen nach dem Besuch – im Beisein von etwa einhundert Gästen aus Flörsheim – wurde der Stiftungspreis in dem Gotteshaus am Liebfrauenberg in Frankfurt überreicht. Bruder Paulus sprach über den Sinn des Kapuzinerordens und die Gedanken des Heiligen Franz von Assisi. „Mensch sein heißt, es wagen zu dürfen einem anderen zu sagen: ich brauche dich", brachte Bruder Paulus die Besucher im Gotteshaus zum Nachdenken. Die Graulich Stiftung setze ein wichtiges franziskanisches Signal, ergänzte er und freute sich über „das schöne Zeichen, das die Stiftung veranlasse, franziskanisch zu sein." – Bruder Wendelin ergänzte, „es geht um die Würde des Menschen, nicht nur um das Essen."

Kurt-Jochem Graulich überreichte den Stiftungspreis 2004 von 5.000 Euro gerne, wie er betonte. Er sei überzeugt mit der Wahl des Franziskustreff sei ein würdiger Preisträger gefunden. Hier werde Menschen in Not unmittelbar und nachhaltig geholfen.

45

Vorschlag kam von Bischof Dr. Kamphaus
Stiftungspreis 2005 für Ökumenische Wohnhilfe im Taunus

Im Mai 2005 besuchte Bischof Dr. Franz Kamphaus während seiner Visitation im Bezirk Main-Taunus auch Flörsheim und dort den Baumarkt Gebr. Graulich. Dr. Kamphaus ließ sich auch die Ziele der Kurt Graulich Stiftung erklären. Kurt-Jochem Graulich: „Die Gründung einer reinen Sozialstiftung ist mir eine Herzensangelegenheit gewesen." Er selbst habe in einer Lebensphase Kontakt zu Menschen bekommen, die „unverschuldet am Boden liegen" und meist vergeblich auf Hilfe und Unterstützung hoffen. Gerade weil es ihm als Unternehmer gut gehe, sehe er seine gesellschaftliche Verantwortung: „Ich weiß, dass es manchmal nur ein kleiner Schritt ist von einem geregelten Leben in Verschuldung, Sucht und Obdachlosigkeit." – Bischof Dr. Franz Kamphaus, der sich auch mit den Kuratoriumsmitgliedern der Stiftung austauschte, war nach seinem Besuch voll des Lobes für das soziale Engagement, das die Stiftung seit zehn Jahre praktiziere,

Auch der Jahr für Jahr zu vergebende Stiftungspreis von 5.000 Euro kam bei dem Besuch zur Sprache. Auf Vorschlag von Bischof Dr. Kamphaus beschloss das Kuratorium der Kurt Graulich Stiftung einstimmig, den Stiftungspreis 2005 an die Ökumenische Wohnhilfe im Taunus e. V. zu vergeben. – Der Verein hilft und berät Menschen, die aus den verschiedensten Gründen in Wohnungsnot geraten sind. Zur Klientel gehören Wohnungs- und Obdachlose, Flüchtlinge und Aussiedler sowie Familien mit sozialen Schwierigkeiten und Alleinerziehende. – Die Ökumenische Wohnhilfe vermittelt Wohnungen, unternimmt Hausbesuche und auch Beratungsgespräche gehören zum Arbeitsalltag.

In St. Gallus in Flörsheim nahm Günter Adam Ende September dann von Stiftungsvorstand Kurt-Jochem Graulich den Stiftungspreis 2005 entgegen. Bischof Dr. Franz Kamphaus wohnte der feierlichen Preisübergabe bei und gab in einer bewegenden Rede einige Denkanstöße zum Thema Solidarität. – Angesichts der Finanznot der öffentlichen Hand und der Kirche stelle sich die Frage, wie es mit unserem Sozialstaat weiter gehen solle. Weniger Staat im Sozialen und mehr privates Investieren sei nicht der richtige Weg. Der Bischof mahnte: „Die Grunderrungenschaften des Sozialstaates dürfen nicht aufgegeben werden."

Bischof Kamphaus unterstützte die Ökumenische Wohnhilfe von Beginn an und hat die Bürger immer wieder aufgerufen, leer stehende Wohnungen zu vermieten. Auch Günter Adam appellierte an die Gäste in der vollbesetzten St. Galluskirche: „Wir brauchen sozial eingestellte Vermieter und günstigen Wohnraum."

Dr. Kamphaus gab zu bedenken: Stiftungen bringen Solidarität in zwei Richtungen zum Ausdruck. Zum einen Solidarität mit den Verstorbenen, deren Andenken nicht verloren gehe, zum anderen mit den Lebenden, die es am meisten nötig haben. Dieser Gedanke sei für unsere Gesellschaft lebensnotwendig. Stiftungen bringen Solidarität in einem überschaubaren Raum und regen zum Mitmachen an.

Bürgermeister Ulrich Krebs stellte fest, dass die Kurt Graulich Stiftung seit zehn Jahren erfolgreich agiere und großes bürgerschaftliches Engagement beweise. Krebs: „In diesen Tagen kann es gar nicht genug Stifter geben."

In der Ökumenischen Wohnhilfe engagieren sich ehrenamtlich zwanzig Mitglieder. Die Arbeit wird finanziell und tatkräftig durch einen Förderverein unterstützt, in dem Kirchengemeinden und Privatpersonen Mitglied sind. – Ohne Spenden könnte der Verein seine erfolgreiche Arbeit nicht leisten.

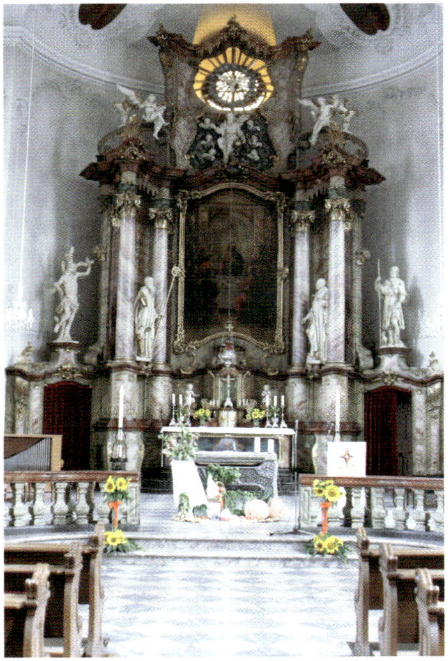
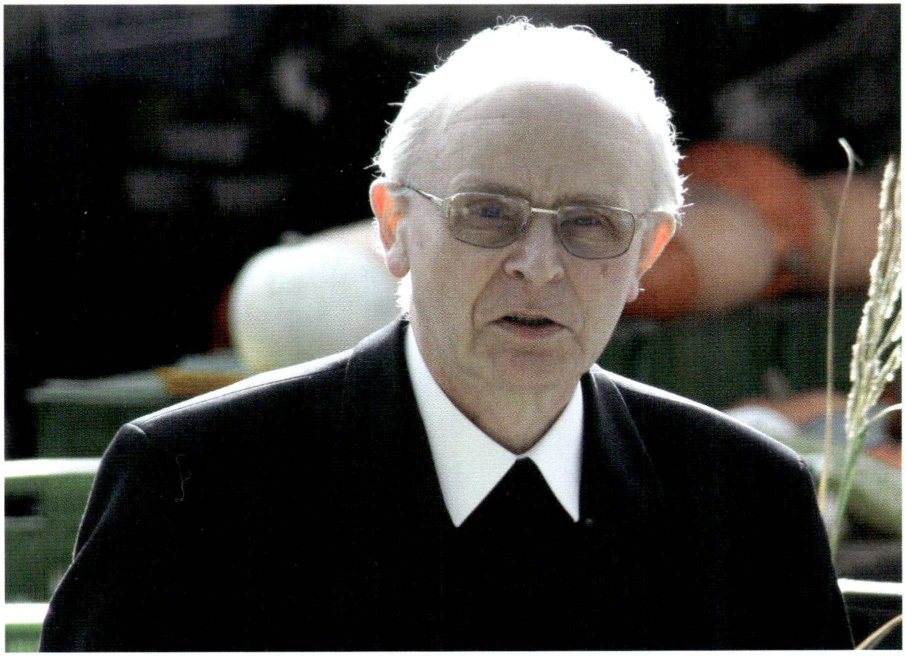
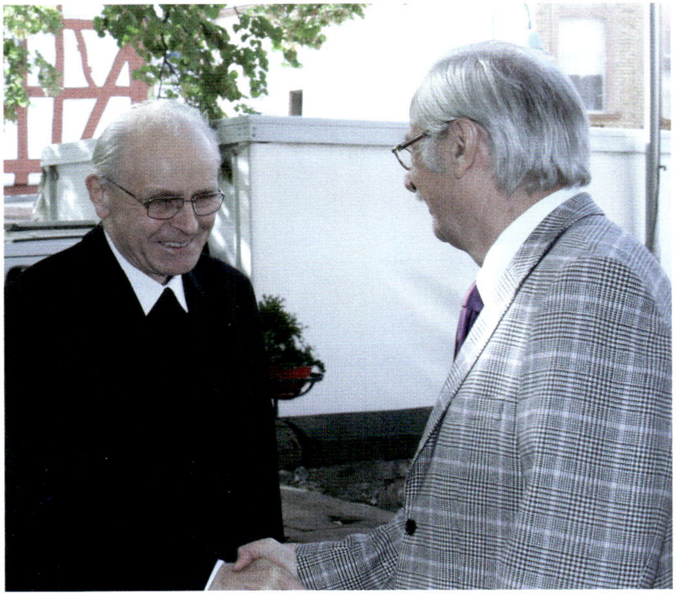
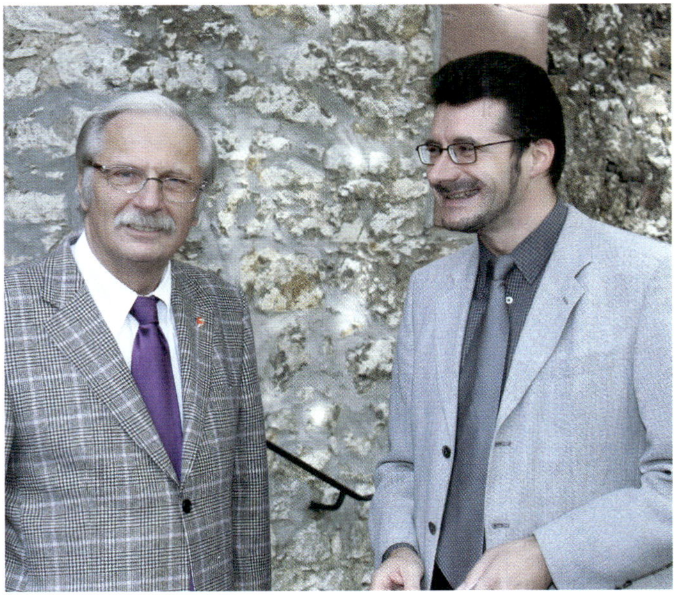

48

Dass die Ökumenische Wohnhilfe im Taunus mit dem Stiftungspreis der Kurt Graulich Stiftung bedacht werde, wertete Marcus Krüger, Geschäftsführer der Wohnhilfe, als besonderen Glücksfall. Zwar könne der Verein Defizite ausgleichen, doch Spenden dieser Größenordnung seinen eher selten und könnten die geringen Zuschüsse aufwiegen. Vor allem sah er in dieser Zuwendung eine Anerkennung der Arbeit des Vereins und schöpfte daraus neue Impulse für eine positive Motivation, sich der vielschichtigen Anliegen der Betroffenen in differenzierter Beratung und Hilfe annehmen zu können.

> Der Mensch wird zu dem,
> was er ist, durch die Sache,
> die er zu seiner macht.
> Karl Jaspers

Einzelbetreuung für Demenzkranke
Stiftungspreis 2006 geht an Laurentius-Münch-Haus

Der Stiftungspreis 2006 der Kurt Graulich Stiftung war für das Projekt „Einzelbetreuung für Demenzkranke" im Laurentius-Münch-Haus in Flörsheim bestimmt. Damit sollen Patienten, die nicht mehr über Sprache zu erreichen sind, stärker über visuelle und sensitive Stimulierung gefördert werden. Birgit Meyer, Leiterin des Laurentius-Münch-Hauses, erläuterte, auch diese Patienten brauchten Ansprache und Zuwendung. Viele Demenzkranke seien über Geruchs- und Geschmackserlebnisse, über die Musik und über das Fühlen zu erreichen. Für dieses Projekt der Einzelbetreuung seien speziell zwei Mitarbeiterinnen zuständig.

Stiftungsgründer Kurt-Jochem Graulich betonte seine Freude darüber, den mit 5.000 Euro dotierten Preis quasi als „Nachbarschaftshilfe" übergeben zu dürfen. – Er begrüßte die annähernd 100 Gäste im Laurentius-München-Haus und die beiden Gastredner, den CDU-Bundestagsabgeordneten Professor Dr. Heinz Riesenhuber sowie den leitenden Arzt der Geriatrie im Main-Taunus-Klinikum, Dr. Dr. Klaus Peter Reetz. – Der Mediziner sprach über die Anfänge und Auswirkungen der Demenz-Erkrankung. Diese könne viele Ursachen haben, eine genaue Erklärung zu Entstehung und Fortschreiten habe die Wissenschaft dafür leider noch nicht.

Sicher sei, dass die Demenz schleichend, lange vor dem eigentlichen Ausbruch der Krankheit, beginne. Dr. Dr. Reetz bezeichnete Demenz als Krankheit des Vergessens. Wichtig sei die Akzeptanz des Patienten und die Unterstützung verbliebener Fähigkeiten. „Nicht dem Leben mehr Jahre geben, sondern den Jahren mehr Leben."

Professor Dr. Heinz Riesenhuber, ehemaliger Forschungsminister, bezeichnete das Laurentius-Münch-Haus als „eine schöne Einrichtung, die wichtig ist für Flörsheim." Der Charme des Hauses bestehe darin, dass sich Viele um Einzelne kümmerten. Es werde hier nicht nur sorgfältig überlegt, wo Hilfe nötig sei, sondern auch, wo es Partner gebe, die mithelfen, dass diese Hilfe auch gewährleistet werden könne. In einer Zeit, wo die Tragkraft der Familie nachgelassen habe und die Einsamkeit im Alter oft zur Existenzfrage werde, wünschte sich Dr. Riesenhuber, dass der Geist von Nachbarschaft und Menschlichkeit wachse.

Kuratoriumsmitglied Hans-Jürgen Wagner oblag die Aufgabe, die Ziele der Kurt Graulich Stiftung kurz zu skizzieren, die Menschen in Not und Randgruppen der Gesellschaft unterstützt. Er erinnerte an die Pest, die vor 340 Jahren in Flörsheim gewütet habe und an die Rolle von Pfarrer Laurentius Münch, der die von der Pest heimgesuchte Bevölkerung aufopferungsvoll betreute. Helfen in Not brauche Vorbilder, resümierte er, und dankte allen Mitarbeiter des Hauses, „die sich in diesem Haus für andere einsetzen."

Ein Gitarren-Trio der Gruppe „Hispanos" aus Rüsselsheim umrahmte die stimmungsvolle Feier mit spanischer Musik. Gäste wie Heimbewohner waren gleichermaßen einig, wie schön eine Feier sein kann, die einen nachdenklich machenden Anlass mit einer so fröhlichen Musik verbindet.

Schulsozialarbeit soll gefördert werden
Stiftungspreis 2007 geht an Sophie-Scholl-Schule Flörsheim

Vorstand und Kuratorium der Kurt Graulich Stiftung haben festgelegt, den Stiftungspreis 2007 an die Haupt- und Realschule Sophie-Scholl-Schule in Flörsheim zu vergeben.

In Zusammenarbeit mit dem Main-Taunus-Kreis, der Stadt Flörsheim, dem Caritasverband Main-Taunus und der Schule wurde das Schul-Sozialprojekt eingeführt, dessen Kosten von 56.000 Euro sich Kreis und Stadt teilen. In 2007 wurde die hauptamtliche Stelle einer „Sozialpädagogischen Betreuung" geschaffen. Die diplomierte Sozialpädagogin Evelin Stockburger wird die Schulsozialarbeit als eine Art „Super-Nanni" begleiten.

Mit dem Wandel der Gesellschaft im Verlauf der letzten Jahrzehnte sehen sich Schulen im Allgemeinen mit dem Problem des Werteschwunds konfrontiert. Das führt dazu, dass sich Eltern und Erziehungspersonen vermehrt in ihrem Erziehungsverhalten verunsichert fühlen. Oft wissen Eltern nicht mehr, welche Werte sie ihren Kindern mitgeben sollen und wagen es darum immer weniger, notwendige Grenzen zu setzen. Problematische Verhältnisse an Schulen werden vermehrt in Presse, Funk und Fernsehen thematisiert. Schulen können diese Probleme im Rahmen ihres erzieherischen Auftrags kaum mehr erfüllen. Es bleibt für den schulisch-pädagogischen Kernauftrag – Wissensvermittlung und Leistungsförderung – nur wenig Raum. In der Schulsozialarbeit sehen Schulen die Möglichkeit, Integrations- und Präventationsarbeit zu leisten, um Kinder und Jugendliche in ihrer Entwicklung zu einer sozialen Verantwortung zu unterstützen.

In der Sophie-Scholl-Schule wurden im Jahr der Preisübergabe von 49 Lehrkräften 776 Schüler und Schülerinnen in 49 Klassen unterrichtet. – Die Schulsozialarbeit soll sowohl Einzelfallhilfe wie auch individuelle Beratung einzelner Schüler wie auch Gruppenberatung bei aktuellen Problemen anbieten.

Diplompädagogin Evelin Stockburger hat viele Ideen für ihre Arbeit. Ein Schülertreff solle eingerichtet und mit Leben erfüllt werden. Schüler sollen sich auch in der Pause dorthin zurückziehen können. Außerdem könne ein Sinnes- und Ruheraum für die pädagogische Mittagsbetreuung eingerichtet werden. Schüler sollen zudem in das Projekt eingebunden, einige auch als Streitschlichter ausgebildet werden um Konflikte ohne Gewalt zu lösen. Auch könnten externe Berater eingebunden werden.

Brigitte Wagner-Christmann, Leiterin der Haupt- und Realschule, dankte Kurt-Jochem Graulich für den 5.000 Euro Stiftungspreis, der ihre Schule in die Lage versetze, noch mehr und gezielter in Person von Evelin Stockburger Problemlösungen zu erarbeiten. – Die Schule hatte die Preisübergabe zum Anlass genommen, in einer kleinen Feierstunde in der Schulaula Gäste aus Politik, Eltern, Schüler sowie das Kuratorium der Kurt Graulich Stiftung zu bewirten.

Schülergruppen der achten und neunten Klasse hatten sich für die Gäste der kleinen Feierstunde etwas Besonderes einfallen lassen. Sie präsentierten „Mit Scholl, Charme und Schule" ein kleines Theaterstück, in dem sie den Lebenslauf von Schul-Namensgeberin Sophie Scholl und deren ausgeprägten Sinn für Gerechtigkeit darstellten.

Ein weiterer Programmpunkt bezog sich auf den Namen, den die Schule, laut Brigitte Wagner-Christmann erst 2004 „nach zähen Debatten im Kreistag des Main-Taunus-Kreises" erhalten habe. – Außerdem berichtete die Schulleiterin, dass sich die Schule seit 2006 am Präventationsprojekt „Lions Quest" beteilige.

52

53

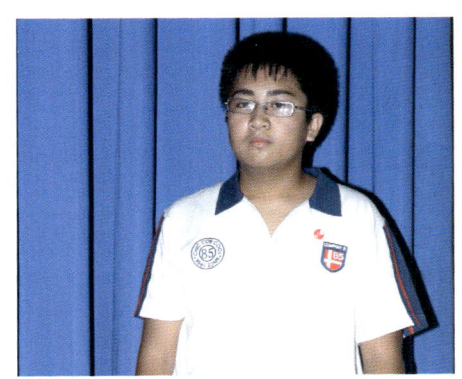

Positive Vorzeichen für Hospiz-Bau
Stiftungspreis 2008 für Hospizverein „Lebensbrücke"

Der Hospizverein „Lebensbrücke" wurde 2008 bereits zum zweiten Mal mit dem Stiftungspreis von 5.000 Euro der Kurt Graulich Stiftung bedacht. Christa Hofmann, Erste Vorsitzende des Vereins, nahm den Scheck sichtlich erfreut von Stiftungsvorstand Kurt-Jochem Graulich entgegen. – Nahezu einhundert Gäste nahmen an der kleinen Feierstunde, die in den Räumen des Baumarktes Gebrüder Graulich stattfand, teil und zeigten ihre Verbundenheit mit der Stiftung und dem Hospizverein.

Kurt-Jochem Graulich betonte, „Christa Hofmann engagiert sich mit so viel Herzblut, niemand hat den Preis mehr verdienst als der Hospizverein." Graulich begrüßte den geplanten Bau des Hospizes: „Ich weiß, es wird kommen und das ist auch gut so." – Dieser positiven Einschätzung im Hinblick auf den Standort Flörsheim schloss sich Bürgermeister Michael Antenbrink an und prophezeite, der Magistrat der Stadt Flörsheim werde im Rahmen eines Erbbaupachtvertrages die Überlassung des Grundstücks in der Dalbergstraße an den Hospizverein beschließen.

Der Bürgermeister hob die qualitativ hochwertige Arbeit des Hospizvereins, die seit nunmehr zehn Jahren geleistet werde, hervor. Dieser Verein sei die geeignete Institution, das Hospiz zu betreiben und Flörsheim am Main der richtige Standort. Der Bürgermeister appellierte an die Mitglieder des Kreisausschusses des Main-Taunus-Kreises, sich dieser sozialen Verantwortung nicht zu verweigern.

2001 erhielt der noch junge Hospizverein „Lebensbrücke" zum ersten Mal den Stiftungspreis. Nach zehn Jahren hat er inzwischen 190 Mitglieder und in dieser Zeit 102 Hospizhelfer ausgebildet, davon 75 aktiv. Christa Hofmann betonte denn auch: „Unser Fundament sind die Hospizhelfer." Bisher seien 500 Menschen auf ihrem letzten Weg begleitet worden.

Seit 2004 bietet der Verein zudem Trauerseminare an, in denen die Teilnehmer lernen, Trauer als Chance zu begreifen. Mit dem „Weg ins Leben-Cafe" wurde außerdem eine Begegnungsstätte für Trauernde ins Leben gerufen. – „Seit nunmehr zwei Jahren sei man mit der Planung des stationären Hospizes mit zwölf Betten beschäftigt und hoffe auf einen baldigen Baubeginn", erinnerte Hospiz-Gründerin Christa Hofmann.

Kampf gegen den Drogenmissbrauch
Stiftungspreis 2009 für Bundesdrogenbeauftragte Sabine Bätzing

Im September 2009 wurde der Drogenbeauftragten der Bundesregierung, Sabine Bätzing, der Stiftungspreis für das Jahr 2009 verliehen. Stiftungsvorsitzender Kurt-Jochem Graulich begründete die Entscheidung des Kuratoriums der Stiftung: „Frau Bätzing gab der Drogenpolitik ein neues Gesicht und wendet sich gegen jegliche Art des Suchtverhaltens. Sie weist darauf hin, dass Drogenmissbrauch nicht nur die Angelegenheit von Randgruppen ist, sondern dies heute ein gesamtgesellschaftliches Problem darstellt. Als Stiftungspreisträgerin verwirklicht sie die ideellen, sozialen und gesellschaftspolitischen Ziele unserer Stiftung."

Kuratoriumsmitglied Hans-Jürgen Wagner begrüßte im Namen des Kuratoriums der Kurt Graulich Stiftung in der Stadthalle Flörsheim annähernd einhundert Gäste, darunter auch die Stiftungspreisträger der vergangenen Jahre. Er verglich die Stiftung mit einem Regenschirm, der sowohl Dach als auch Stütze sein könne, damit Menschen in Not nicht im Regen stehen gelassen werden und Halt in schwierigen Situationen finden können.

In seinem Grußwort hob Bürgermeister Michael Antenbrink den Mut von Preisträgerin Sabine Bätzing hervor, trotz aller Kritik an ihrer Person, gegen den Strom zu schwimmen und ihren Kampf gegen den Drogenmissbrauch konsequent fortzusetzen.

Erstmals fand zu einer Stiftungspreis-Verleihung eine Talkrunde zum Thema Sucht statt. Moderatorin Christiane Krüger-Blum diskutierte mit den Gästen Brigitte Wagner-Christmann, Leiterin der Sophie-Scholl-Schule in Flörsheim, Bruder Wendelin vom Kapuzinerkloster Liebfrauen in Frankfurt, Dr. Kornelius Roth, Psychotherapeut aus Bad Herrnalb, Physiotherapeut Maik Sznap, Sabine Bätzing und Kurt-Jochem Graulich.

Nach Meinung der Talkrunde liegen die Entstehungsgründe für Sucht oft in mangelndem Selbstwertgefühl und starkem Erfolgsdruck. Prävention sei das probateste Mittel im Kampf gegen Drogen. Es müsse sich lohnen aufzuhören oder gar nicht erst anzufangen. Die Runde war sich einig, dass die Suchtgefahr in jedem Menschen verborgen vorhanden sei. Nicht nur die bekannten Drogen führten zur Sucht, Das „Kokain" käme heute vermehrt aus der Steckdose.

Kurt-Jochem Graulich überreichte nach der Talkrunde den mit 5.000 Euro dotierten Stiftungspreis an Sabine Bätzing. – Ihre Hauptbeschäftigung der vergangenen vier Jahre bezeichnete die Drogenbeauftragte ironisch mit „saufen, rauchen und kiffen." Natürlich nicht aktiv, sondern in der Theorie. Sie habe in dieser Zeit viele Gespräche mit Betroffenen und Angehörigen geführt. Daraus nehme sie die Motivation für ihre Arbeit. – Den 5.000 Euro Stiftungspreis werde sie weitergeben an die Lebensberatungsstellen in ihrer Heimatregion Altenkirchen, Neuwied und Betzdorf.

Den musikalischen Part setzte Britta Kluin. Mit Gitarre und Liedern von Abi und Esther Ofarim, Reinhard Mey und Ralph McTell verband sie harmonisch die einzelnen Programmpunkte.

57

Jugendliche motivieren
Stiftungspreis 2010 für Dr. Henrik Jungaberle

Zur Geschichte der Kurt Graulich Stiftung >Helfen in Not< gehören Vorträge mit Persönlichkeiten des öffentlichen Lebens sowie Benefizkonzerte, die eines gemeinsam haben, die Einnahmen aus diesen Veranstaltungen gehen jeweils an die Kurt Graulich Stiftung. Auch mit solchen Einnahmen wird die Stiftung in die Lage versetzt, ihre vielfältigen Aufgaben der unkonventionellen Hilfe für Menschen in Not zu leisten.

Im November 2010 hatte der 1954 gegründete Musikverein Flörsheim zu einem Benefizkonzert in die Stadthalle Flörsheim eingeladen und wie immer bei Konzerten dieses Vorzeige-Vereins, war der Saal der Stadthalle überaus gut gefüllt.

Erstmals hatte Kurt-Jochem Graulich für die Übergabe des Stiftungspreises einen so großen Rahmen gewählt. Dieses Konzert war denn auch perfekt geeignet, den Stiftungspreis 2010 an Dr. Henrik Jungaberle, Gesundheitswissenschaftler am Institut für Medizinische Psychologie des Universitätsklinikums Heidelberg, zu überreichen.

Das von Dr. Henrik Jungaberle initiierte Projekt Rebound ist ein Präventionsprogramm und ein Selbstkompetenzkurs, der an Schulen in den Klassen 8 bis 13 durchgeführt wird. In sechzehn Doppelstunden beschäftigen sich Jugendliche und ihre Lehrer intensiv mit ihren Potentialen, ihren Stärken und den Dingen, die sie persönlich motivieren. Das Projekt ist für Jugendliche gedacht, die in die Pubertät kommen. Die meisten Jugendlichen machen in dieser Zeit erste Erfahrungen mit Alkohol, viele haben bereits ihre erste Zigarette geraucht und nicht wenige experimentieren mit Cannabis und anderen Mitteln, die das Erleben verändern und zur Sucht führen können. – Mit der klassischen Zeigefinger-Methode erreiche man die Jugendlichen nicht, oft bewirke die das Gegenteil.

Das von Dr. Jungaberle entwickelte Projekt Rebound soll motivieren, informieren und Jugendliche untereinander ins Gespräch bringen. Es sollen falsche Tabus aufgelöst und die Risikowahrnehmung geschärft werden. Im Mittelpunkt steht die Fähigkeit, selbst gesunde und sinnvolle Entscheidungen zu treffen.

Das Projekt wurde an zwölf Schulen in Baden-Württemberg angewandt. Die Sophie-Scholl-Schule in Flörsheim ist die erste Schule außerhalb des Rhein-Neckar-Raumes, die sich an diesem Projekt beteiligt. – Das Medium Internet wird ganz bewusst mit einbezogen, damit die Jugendlichen da erreicht werden, wo sie sowieso sind, in Chatrooms, bei You-Tube und ähnlichen Netzwerken.

Zu Beginn des Benefizkonzertes hatte Kuratoriumsmitglied Hans-Jürgen Wagner begrüßt und erklärt, dass die Kurt Graulich Stiftung seit mehr als zehn Jahren Menschen in Not helfe. Sie kümmere sich besonders um psychisch kranke Menschen, die am Rande der Gesellschaft stehen oder dorthin gestellt werden. Auch Präventions- und Wiedereingliederungsmaßnahmen werden unterstützt. – Der jährlich vergebene Stiftungspreis sei auch ein Motivationspreis, nicht im sozialen Handeln nachzulassen.

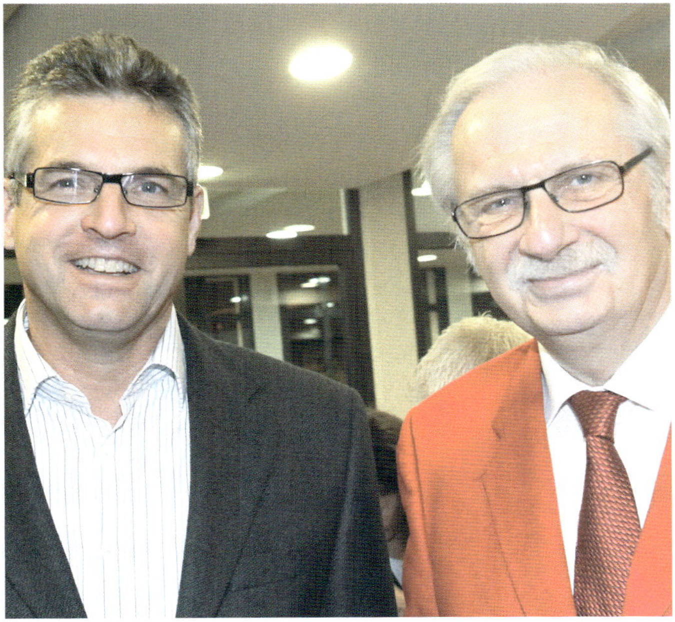

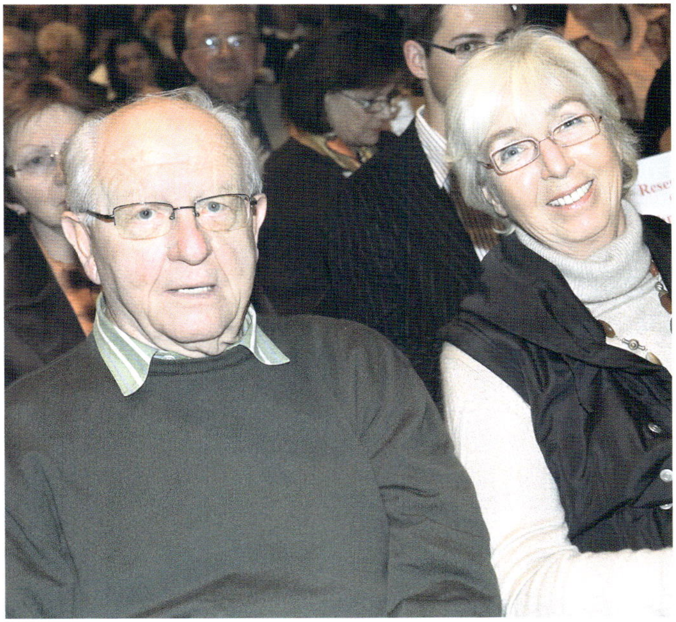

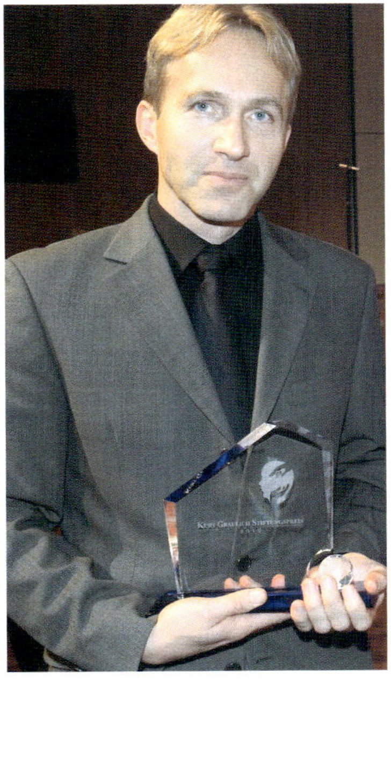

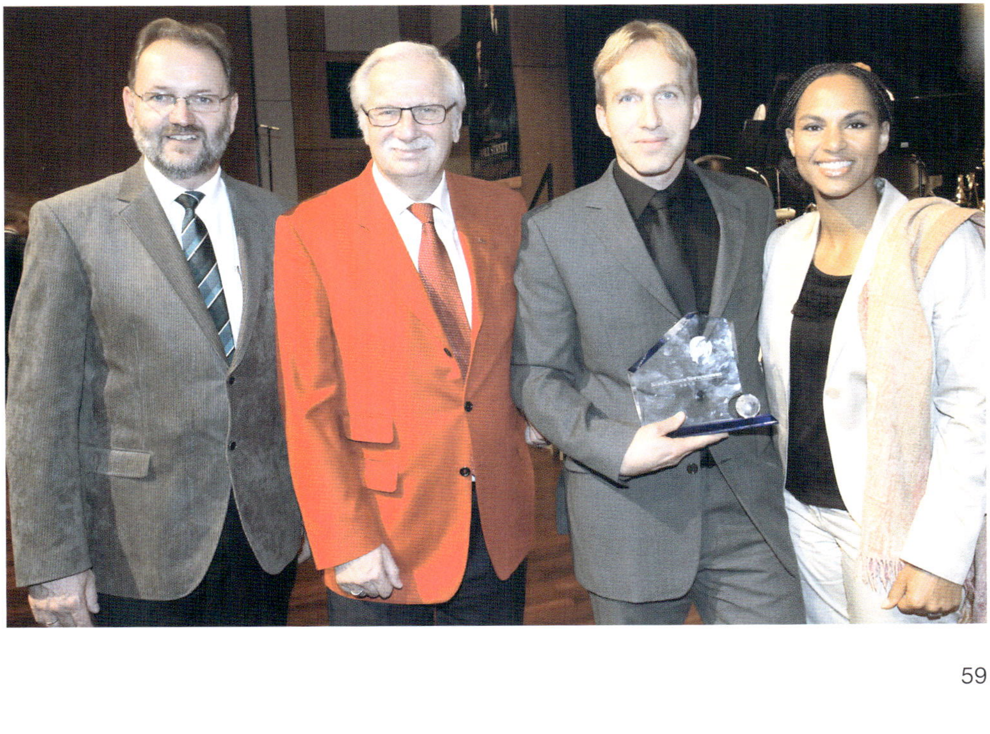

Singet dem Herrn
Stiftungspreis-Verleihung 2011 an die Schwalbacher Tafel

„Wie macht Ihr das? Jede Übergabe des Kurt Graulich Stiftungspreises hat einen ganz besonderen Rahmen. Immer wieder ein Erlebnis, auf das man sich schon im Vorfeld freut." – Der Mann, der das sagt, kommt seit vielen Jahren aus Bad Herrenalb angereist, um Ereignisse dieser Art mitzuerleben. Ebenso wie viele Freunde der Stiftung, die an einem Sonntag im November 2011 dafür sorgten, dass die Maria-Hilf-Kirche in Bad Soden-Neuenhain mehr als gut besucht war. Zu diesen Freunden der Stiftung zählt auch Nancy Faeser, Mitglied des Hessischen Landtages für die SPD, die sich auch sonst kaum eine Veranstaltung der Kurt Graulich Stiftung entgehen lässt.

Die Gestalter des außergewöhnlichen Abends waren per Bus aus Limburg angereist: Die Limburger Domsingknaben, mit ihrem Dirigenten und musikalischen Leiter, Domkantor Klaus Knubben sowie Chormitglied und Stimmbildner Wilhelm Gries an der Chororgel. – Der Knabenchor besteht aus 160 Mitgliedern im Alter von vier bis zwanzig Jahren. Er ist weit über die Grenzen Deutschlands hinaus bekannt. Musikalische Höhepunkte waren Konzertreisen nach England, Irland, Frankreich, Italien, Malta, Finnland, Polen, Kanada, Russland, Israel, Südafrika, Mexiko, die USA und Bad Soden-Neuenhain.

Die Hauptaufgabe des Chores liegt in der musikalischen Gestaltung der Gottesdienste im hohen Dom zu Limburg. Über vierzig Chorknaben gaben zur Stiftungs-Preisverleihung der Kurt Graulich Stiftung Proben ihres Könnens und erfüllten das Neuenhainer Gotteshaus mit mehrstimmigen Werken geistlicher Chormusik. Motetten der altklassischen Vokalpolyphonie, etwa von Palestrina oder Felix Mendelssohn Bartholdy. Außergewöhnlich, die glockenhellen Kinderstimmen im Requiem für Chor und Orgel, vom Introitus und Kyrie, über das Sanctus und Agnus Dei bis „Zum Paradiese mögen Engel dich begleiten …" in Lateinischer Sprache gesungen. Das ausführliche Programm hielt für die Zuhörer die deutschen Texte parat. So konnte dem Inhalt des Gesangsvortrags mühelos gefolgt werden.

Ein Rahmen, wie er melodischer nicht hätte sein können, für die Übergabe des Stiftungspreises der Kurt Graulich Stiftung, der dieses Mal an die Schwalbacher Tafel ging. Klaus Spory, Dekan in Ruhe, nahm den Preis in Höhe von 5.000 Euro im Namen der Evangelischen Familienbildung des Diakonischen Werkes Main-Taunus entgegen. – Die segensreiche und notwendige Arbeit der Schwalbacher Tafel wird von Klaus Spory ausführlich unter „Stimmen zur Stiftung" beschrieben.

Kurt-Jochem Graulich überreichte den Preis und freute sich, die Limburger Domsingknaben schon zum zweiten Mal im Namen der Stiftung begrüßen zu können. – Vor genau zehn Jahren – 2001 – gastierte der Chor auf Einladung der Kurt Graulich Stiftung zu einem Benefizkonzert in der St. Josef Kirche in Flörsheim, – Klaus Spory freute sich sichtlich über den Preis und erklärte, das Geld fände durch die Schwalbacher Tafel den Weg zu wirklich hilfsbedürftigen Menschen.

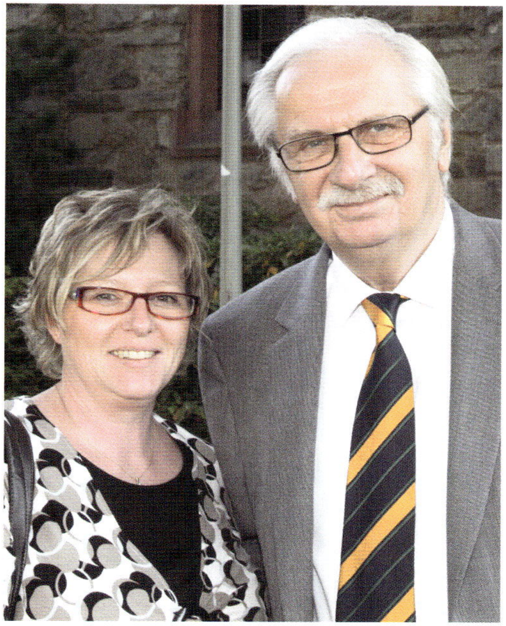

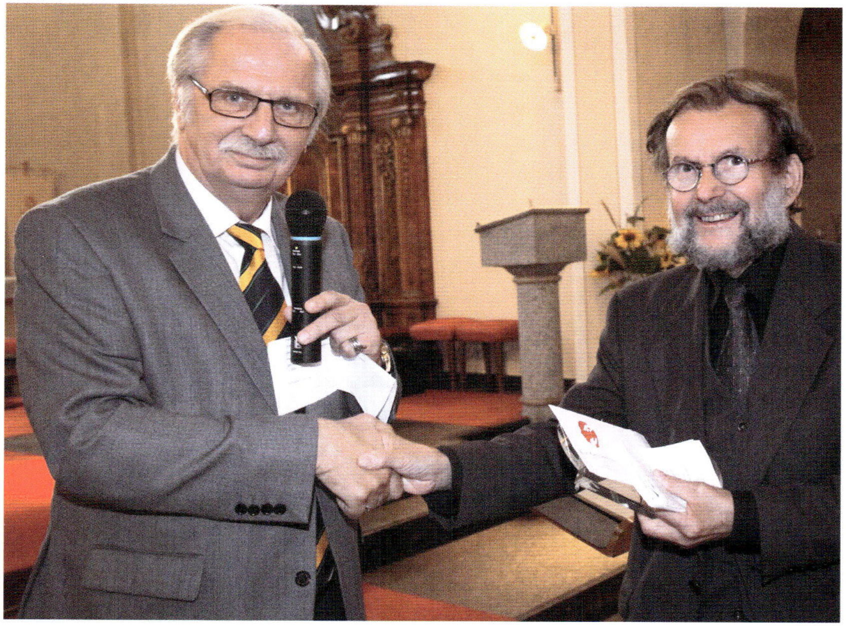

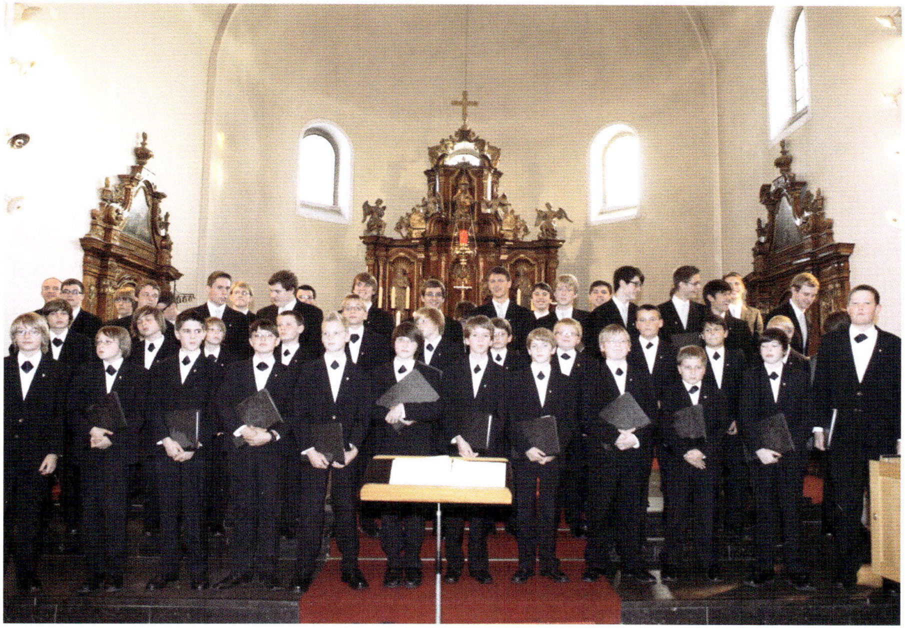

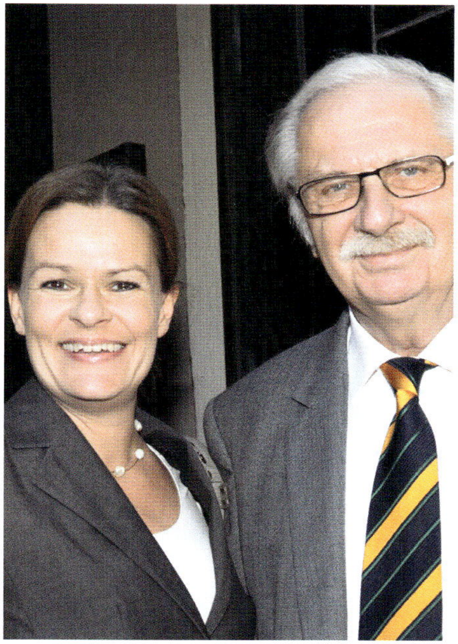

Stiftungsschirm beschützt und behütet
Stiftungspreis 2012 für Perspektiven e.V. Oberursel

Der Verein Perspektiven e.V. feierte sein 25-jähriges Bestehen. In der Stadthalle von Oberursel herrschte Wohlfühl-Atmosphäre. Die Gästeliste war lang, unter ihnen auch die Bürgermeister Blum (Oberursel) und Helm (Königstein) sowie auch eine Delegation aus Flörsheim: Kurt-Jochem Graulich, das Kuratorium der Kurt Graulich Stiftung sowie Freunde und Gäste der Stiftung. Der Besuch aus Flörsheim hatte einen besonderen Grund nach Oberursel zu fahren. Der Stiftungspreis 2012 sollte während der Jubiläumsfeierlichkeiten übergeben werden.

Die Redner würdigten unisono die vorbildliche Arbeit von Perspektiven e.V., der in 25 Jahren Herausragendes geleistet habe. Beeindruckend war ein filmisches Dokument von drei Perspektiven-Klienten, die mit entwaffnender Offenheit ihr Schicksal und ihre Situation schilderten. – Berichte in Wort und Bild, die unter die Haut gingen.

Die Übergabe des Stiftungspreises der Kurt Graulich Stiftung wurde zu einem besonderen Höhepunkt an diesem Nachmittag. Kuratoriumsmitglied Hans-Jürgen Wagner erklärte: „Not kommt uns in vielerlei Gestalt entgegen." Einfühlsam erinnerte er in einer kleinen Laudatio: „Alle Not und Nöte der Menschen gleichzeitig zu lösen, schafft keine einzelne und auch nicht die Summe aller Stiftungen. Wir sind uns bewusst, dass wir mit unserer Hilfe wie ein Schirm sein können, unter dem Menschen Schutz und Hilfe finden." Er spannte einen Stiftungsschirm auf, um zu zeigen, wie so ein Schirm zu einem beschützenden Dach werden könne. „Darunter bin ich sicher – geschützt und behütet."

Stiftungsvorstand Kurt-Jochem Graulich überreichte den Stiftungspreis 2012 an Ulrike Schüller-Ostermann: „Sie und ihr Verein sind ein Geschenk für die Menschen, die sie betreuen. Unsere Stiftung würdigt mit dem Preisgeld die Leistungen des Vereins Perspektiven e.V., der seit 25 Jahren professionelle Hilfe für Menschen mit psychischer Erkrankung, Suchtkrankung und Behinderungen leistet. Damit werden für Menschen, die nicht immer durch eigenes Verschulden am Rande der Gesellschaft stehen, Perspektiven geschaffen."

Kurt-Jochem Graulich, der in Königstein wohnt, ist seit Jahren Mitglied im Beirat des Vereins und unterstützt kontinuierlich Vereinsaktivitäten und auch einzelne notleidende Klienten und kann daher die Arbeit von Perspektiven e.V. beurteilen und einschätzen.

Ulrike Schüller-Ostermann dankte für den Stiftungspreis und erinnerte sich, dass Perspektiven e.V. vor mehr als zehn Jahren erstmals Kontakt zur Kurt Graulich Stiftung aufgenommen habe. Damals ging es um einen Zuschuss für eine Ferienmaßnahme. „Wir haben seinerzeit nicht nur den Zuschuss erhalten. Wir haben darüber hinaus einen verlässlichen Partner gewonnen, der unsere Arbeit bis heute in vielfältiger Weise unterstützt."

Ulrike Schüller-Ostermann: „Alles Wirken der Kurt Graulich Stiftung ist eng verbunden und maßgeblich geprägt durch das außergewöhnliche Engagement seines Gründers und Vorsitzenden Kurt-Jochem Graulich.

Er hat ein tiefes Verständnis für notleidende Menschen und deren Lebenssituation. Kurt-Jochem Graulich engagiert sich auch seit vielen Jahren im Beirat des Vereins Perspektiven. Hier profitieren wir von seinen Ideen und Impulsen."

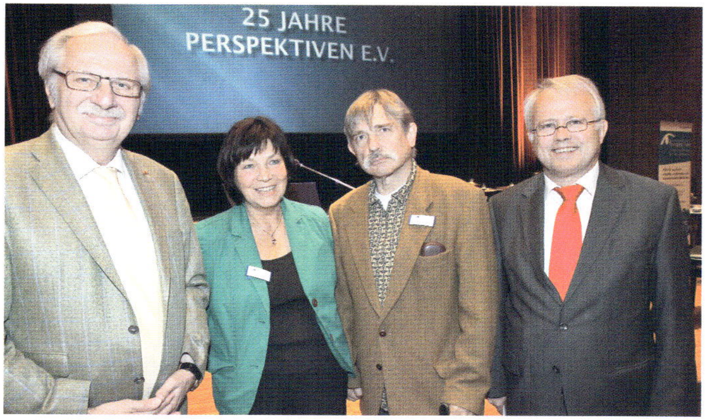
25 JAHRE
PERSPEKTIVEN E.V.

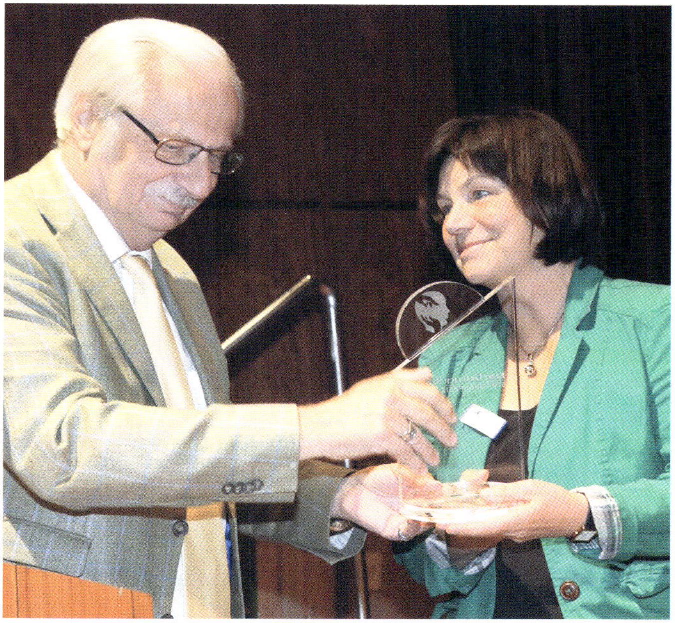

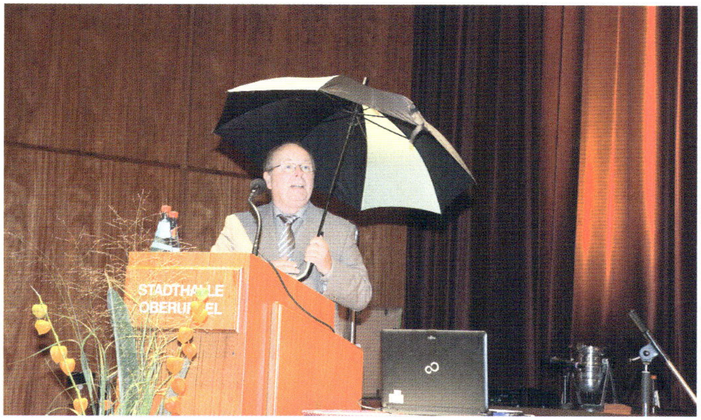

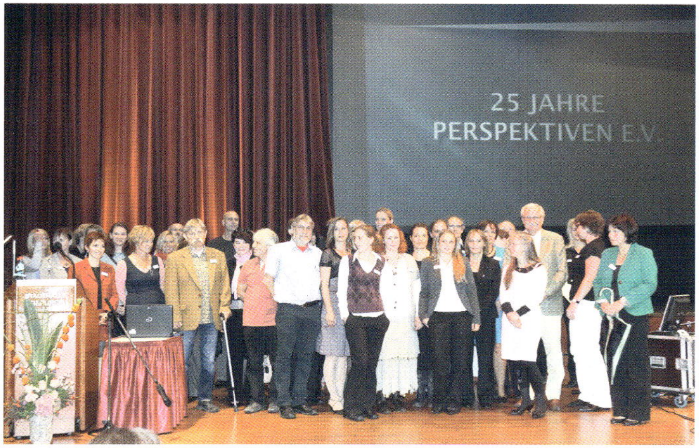
25 JAHRE
PERSPEKTIVEN E.V.

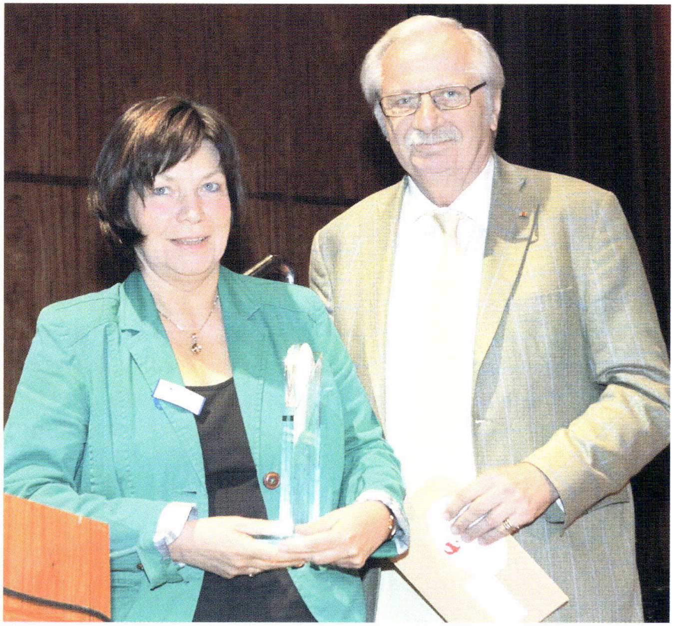

Auszeichnung für Sozialbüro Main-Taunus
Stiftungspreis 2013 für soziales Engagement

Bischof Dr. Franz-Peter Tebartz-van Elst war extra nach Hofheim gekommen, um der Preisverleihung des Stiftungspreises 2013 beizuwohnen. Empfänger des Preises in Höhe von 5.000 Euro war das Sozialbüro Main-Taunus. Träger des Sozialbüros ist der Caritasverband für den Bezirk Main-Taunus e.V. in Verbindung mit Verbundpartnern, unter anderem auch die Kurt Graulich Stiftung. Zu den täglichen Aufgaben des Sozialbüros Hofheim gehören die Beratung in sozialen Angelegenheiten, kostenlose Rechtsberatung, Beratung für Migrantinnen und Migranten, Jugendmigrationsdienst sowie die Beratung von Flüchtlingen und viele weitere Aufgaben.

Kurt-Jochem Graulich überreichte den Scheck und einen besonderen Pokal im Rahmen der Feierlichkeiten zum 15-jährigen Bestehen des Sozialbüros im Gemeindezentrum St. Peter und Paul in Hofheim. Der Feierstunde im Gemeindezentrum war eine Andacht in der Kirche St. Peter und Paul voraus gegangen, zu der auch der Limburger Bischof Dr. Franz-Peter Tebartz-van Elst gekommen war. Er berichtete, er habe bei seinen Besuchen im Main-Taunus-Kreis sowohl die Arbeit des Sozialbüros kennengelernt als auch in Flörsheim Vorstand und Kuratorium der Kurt Graulich Stiftung.

Ottmar Vorländer, Caritas-Bezirksgeschäftsführer, hatte die Besucher der Andacht begrüßt, die vom kraftvollen Orgelspiel von Bezirkskantor Mathias Braun musikalisch gestaltet wurde. – Im Mittelpunkt stand eine weiße Skulptur, aus der sich zahlreiche Hände hilfesuchend nach oben in den hohen Kirchenraum reckten. Mit Hilfe dieser Skulptur brachte die Koordinatorin des Sozialbüros, Gabriele von Melle, stellvertretend für ihre Kolleginnen und Kollegen, allen Besuchern die Bedeutung ihrer Arbeit im Sozialbüro näher.

Gabriele von Melle: „Diese weißen Hände stehen für alle Hände Hilfesuchender. Die Skulptur zeigt, wenn jetzt niemand hilft, dann greifen diese Hände ins Leere." Um neunzig Grad gedreht zeige die Skulptur die Hände inmitten eines Kreuzes, sie streckten sich dem Betrachter nun helfend entgegen. Die Skulptur verdeutliche den Anspruch der Sozialbüro-Arbeit. Hier komme zusammen, was zusammen gehöre: Hilfesuchende, Helfende und der Glaube.

Ottmar Vorländer bezeichnete das Sozialbüro als „Brückenkopf" zwischen Kirche und hilfesuchenden Menschen, wo sie ein spürbares Zeugnis der Fürsorge und Solidarität erfahren könnten. – Hans-Jürgen Wagner sprach stellvertretend für das Kuratorium der Kurt Graulich Stiftung und hatte das Symbol, einen Schirm mitgebracht, um anschaulich zu verdeutlichen, auf welche Art die Stiftung helfe. „Dieser Schirm mit seinem Dach und mit seiner Krücke ist ein Symbol für das, was unsere Stiftung Hilfesuchenden geben möchte – Schutz und Stütze", fügte er an. Das habe die Stiftung mit dem Sozialbüro gemeinsam. Mit dem Stiftungspreis solle das Engagement der Mitarbeiter des Sozialbüros gewürdigt werden.

Bischof Tebartz-van Elst las aus dem Matthäus-Evangelium: „Was ihr für einen meiner geringsten Brüder getan habet, das habt ihr mir getan." „Der Glaube braucht beherzte Hände – wenn viele kleine Leute an kleinen Orten kleine Schritte tun, erneuert sich das Angesicht der Welt." Im späteren Verlauf der kleinen Feierstunde würdigte der Bischof das Sozialbüro als unbürokratische Anlaufstelle für Rat- und Hilfesuchende in allen sozialen Fragen. Der besondere Dank von Bischof Tebartz-van Elst galt Kurt-Jochem Graulich: „Von Herzen allen großen Dank." – Der Bischof erzählte auch von seinem Be-

65

such im Bauzentrum Gebrüder Graulich in Flörsheim, wo er von Kurt-Jochem Graulich herzlich empfangen, mit den Mitarbeitern des Unternehmens ins Gespräch gekommen sei und anschließend auch tiefere Einblicke in die Stiftungsarbeit gewonnen habe.

Kurt-Jochem Graulich zeigte sich gerührt von der kirchlichen Andacht und der Feierstunde: „Ich bin sehr stolz darauf, dass der Bischof bei der Preisverleihung dabei ist – ich würdige seine Arbeit sehr." – Er übergab den 5.000-Euro-Scheck sowie den entsprechenden Pokal an Markus Krüger, Gründungsmitglied und Geschäftsführer im Sozialbüro Main-Taunus. Markus Krüger freute sich: „Allein hab ich den Preis nicht verdient", und rief alle seine Kolleginnen und Kollegen nach vorne, um mit ihnen und den Festgästen auf die Verleihung des Stiftungspreises anzustoßen.

67

Für wohnungslose Menschen
Stiftungspreis 2014 für Haus St. Martin Hattersheim

Mit der Vergabe des Stiftungspreises 2014 an das Haus St. Martin in Hattersheim würdigte die Kurt Graulich Stiftung dessen zwölfjährige Arbeit. – Die Einrichtung in Hattersheim ist ein Nachfolgeprojekt der „Hofheimer Teestube" für wohnungslose Menschen und ist eine Einrichtung der Caritas Main-Taunus.

Klaus Störch, Leiter der Hattersheimer Einrichtung: „Wir sind froh, dass man uns in Hattersheim Obdach gewährt hat." Anfangs habe die Wohnungslosenhilfe noch mit Vorurteilen und Ablehnung in der Bevölkerung zu kämpfen gehabt. „Die Ängste konnten wir aber relativ schnell abbauen, weil wir aktiv waren und uns für die Hattersheimer Bürger geöffnet haben", erinnerte sich Klaus Störch.

Die Hattersheimer Wohnungslosen-Einrichtung bietet eine Tagesstätte mit Cafe, eine Beratungsstelle sowie Übernachtungsmöglichkeiten, die tagtäglich von fünfzehn bis zwanzig Duchwanderern genutzt wird.

Die Übergabe des Stiftungspreises war eingebettet in ein Benefizkonzert, das der Shanty-Chor Rüsselsheim in der vollbesetzten Stadthalle Flörsheim für die Kurt Graulich Stiftung ausrichtete. – Die Bürgermeister von Flörsheim und Hattersheim, Michael Antenbrink und Antje Köster, sowie der Geschäftsführer der Caritas Main-Taunus, Otmar Vorländer, hatten gleich zwei Gründe zur Freude. Einmal waren die Darbietungen des Rüsselsheimer Chores ein besonderer Genuss, zum anderen freuten sie sich mit dem Haus St. Martin über den mit 5.000 Euro dotierten Stiftungspreis.

Die Hattersheimer Bürgermeisterin hielt eine stolze Laudatio auf die in ihrer Stadt viel beachtete Einrichtung. „Im Haus St. Martin lebt man den Dienst an Menschen, die nicht auf der Sonnenseite des Lebens stehen, tagtäglich vor", würdigte sie die Arbeit des Teams, das seit zehn Jahren bestehe. Seit dieser Zeit organisiere der „sehr kreative Kopf" Klaus Störch auch Ausstellungen und Lesungen, die Wohnungslosen eine Chance auf Teilhabe an kultureller Bildung gebe und die das Haus St. Martin für alle Gesellschaftsschichten öffne.

Kurt-Jochem Graulich und der von ihm gegründeten Stiftung sprach die Hattersheimer Bürgermeisterin „ihren größten Respekt" aus: „Wie Sie immer wieder helfen, da habe ich große Hochachtung davor – und es rührt mich auch sehr, dass es Menschen wie Sie heute noch gibt, die nicht zögern, anderen zu helfen," wandte sie sich direkt an den Stifter Kurt-Jochem Graulich. Dieser erinnerte: „Das Stiftungs-Kuratorium war sich in diesem Jahr ganz schnell über den Preisträger Haus St. Martin einig. Wir sind uns alle sicher, dass der Preis da gut aufgehoben ist."

Klaus Störch dankte für den hohen Scheck und erklärte, der Stiftungspreis sei bei weitem nicht der einzige Kontakt zur Kurt Graulich Stiftung. Die Stiftung sei „wie das Schmierfett, das dazu beiträgt, dass die Maschine rund läuft", dankte er für die immer wohlwollende Unterstützung. – Die Hilfe sei immer unbürokratisch erfolgt, lobte Klaus Störch.

Neben der Übergabe des Stiftungspreises hatte jedoch der Shanty-Chor Rüsselsheim das Heft fest in der Hand. Chorleiterin Sonja Guthmann und ihr sichtlich gut gelaunter Chor sorgten dafür, dass die Besucher mit maritimer Musik bestens unterhalten wurden. Die gesanglichen Vorträge – in Deutsch, Englisch und Plattdütsch – wurden optisch mit zahlreichen Bildern aus der Seefahrt und aus fernen Ländern unterlegt, so dass die Besucher in der Stadthalle gleichermaßen Kreuzfahrt und Seefahrt-Romantik pur erlebten. – Der anhaltend starke Applaus spiegelte die Begeisterung der Konzertbesucher wider.

69

Für Dachgarten „Blick in die Region"
Stiftungspreis 2015 für Freundes- und Förderkreis des Marienkrankenhauses

Anlass für „ein volles Haus" in der Kapelle des Krankenhauses war die Übergabe des Stiftungspreises 2015 in Höhe von 5.000 Euro an den Freundes- und Förderkreis des Marienkrankenhauses. Dort oben im 6. Stock freute sich Sabine Saal, Kaufmännische Direktorin des Marienkrankenhauses, zahlreiche Gäste, Patienten, Mitglieder des Freundes- und Förderkreises, den Ersten Kreisbeigeordneten Wolfgang Kollmeier, Bürgermeister Michael Antenbrink, Pfarrer Sascha Jung, Kurt-Jochem und Christel Graulich und die Kuratoriumsmitglieder der Kurt Graulich Stiftung begrüßen zu können.

Organist Manuel Braun eröffnete den Abend auf der neuen Orgel, die er virtuos zum Klingen brachte. In Vertretung von Landrat Michael Cyriax überbrachte Erster Kreisbeigeordneter Wolfgang Kollmeier Grüße des Kreises. „Als ich gelesen habe, der Stiftungspreis der Kurt Graulich Stiftung gehe an den Freundes- und Förderkreis des Marienkrankenhauses, da habe ich mich gefragt, wie kann man ein Krankenhaus zum Freund haben? Aber bei näherer Betrachtung sind diese Freundschaftsgefühle nachvollziehbar. Die Flörsheimer hängen – schon allein aus ihrer christlich geprägten Tradition heraus – an ihrem Krankenhaus." Hier sei ein Netzwerk von Freunden entstanden, die das Krankenhaus schätzen und stützen. Der Verein habe einen Mantel der Geborgenheit etabliert, mit Bänken, Sonnenschutz und auch mit Lärmschutzmaßnahmen und so dafür gesorgt, dass sich Patienten und Besucher gleichermaßen wohlfühlten.

Wolfgang Kollmeier war der Ansicht, es gebe zwei gute Nachrichten: Flörsheim habe einen leistungsstarken Förderverein für das Vorzeige-Krankenhaus und es gebe die Kurt Graulich Stiftung, die seit ihrem Bestehen im Kreis und der Region Menschen und soziale Einrichtung beispielhaft unterstütze.

Kurt-Jochem Graulich, Vorsitzender der Kurt Graulich Stiftung, freute sich besonders, den katholischen Pfarrer von St. Gallus, Sascha Jung, begrüßen zu können. Kurt-Jochem Graulich hob hervor, dass der Freundes- und Förderkreis des Marienkrankenhauses, die ideellen und sozialen Ziele der Stiftung in bestem Sinne verwirkliche.

Der Freundes- und Förderkreis hat es sich zur Aufgabe gemacht, die positive Entwicklung des Krankenhauses und dessen guten Ruf nicht nur zu fördern sondern gleichsam auch finanzielle Mittel zu beschaffen, damit Vorhaben des Krankenhauses, die nicht in den Budgetplan passen, umsetzbar werden. Über einhundert Mitglieder zählt der Verein. Der agile Vorstand besteht aus Hans-Jürgen Wagner (Vorsitzender), Dr. Wall Saad, (Ärztevertreter, zweiter Vorsitzender), Michael Bayer (Kassierer), Schwester Lucina Weiß (Schriftführerin, Mitgliederbetreuung), Beisitzer sind Dr. Bettina Kilb-Fessler, Renate Mohr, Berthilde Enders und Willi Lauck.

Freundeskreis-Vorsitzender Hans-Jürgen Wagner nahm den Stiftungspreis von 5.000 Euro von Kurt-Jochem Graulich entgegen: „Wir wollen den Preis denen widmen, die hier in diesem Krankenhaus arbeiten, denn sie machen das Haus aus, ganz besonders die verbliebenen drei Ordensschwestern. Sie sind die Seele des Marienkrankenhauses." Er erklärte auch, der Dachgarten des Hauses solle neu gestaltet, begrünt und zum „Blick in die Region" einladen. Veranschlagt seien für dieses Projekt 100.000 Euro. – Die Fraport-Stiftung und eine Landesstiftung würden unter bestimmten Bedingungen etwa zweidrittel der Ausbaukosten übernehmen. Hans-Jürgen Wagner: „Vom Dachgarten des Krankenhauses hat man einen Rundum-Blick auf Wicker, Weilbach, den Taunus, Frankfurt, den Flughafen, den Main und auf den Odenwald."

Die Übergabe des Stiftungspreises der Kurt Graulich Stiftung wurde von einem besonders schönen Benefizkonzert zugunsten des Marienkrankenhauses ergänzt. Der Freundes- und Förderkreis hatte das „Duo Balance" zu einem vorweihnachtlichen Konzert eingeladen. Das „Duo Balance" sind Christine Maringer-Tries, ihr Ehemann Johannes Peter Tries und seit mehr als zwanzig Jahren der Flötist und Saxophonist Dirko Jochem.

Johannes Peter Tries begleitete seine Partnerin auf der Gitarre und führte mit ausgesuchten und berührenden Geschichten und Gedichten durch das Programm. Christine Maringer-Tries verzauberte mit ihrem wunderbaren Mezzosopran, egal ob sie ein irisches Volkslied, ein Chanson, Schlager oder a capella sang. Man ließ sich von den drei Musikanten gerne mit auf eine Reise in die weite, bunte Welt der Musik mitnehmen. – Übrigens: Von der Kapelle des Krankenhauses sind Übertragungen in Wort und Bild in die einzelnen Krankenzimmer möglich. So können sich Patienten jederzeit in Veranstaltungen der Kapelle einklinken.

„Von prägender und nachhaltiger Sinnhaftigkeit"
Stiftungspreis 2016 an die Nachbarschaftshilfe Taunusstein e. V.

Die Verleihung des Stiftungspreises 2016 wurde zu einem besonderen Event. Stiftungsvorstand und Kuratorium der Kurt Graulich Stiftung hatten mit der Nachbarschaftshilfe Taunusstein e.V. einen würdigen Preisträger gefunden, der die Ziele der Stiftung in vorbildlicher Weise lebt und umsetzt. Die Übergabe des Stiftungspreises war eingebettet in ein Benefizkonzert mit dem Shanty-Chor Rüsselsheim, der abermals den großen Saal der Stadthalle Flörsheim füllte und für begeisterte Zuhörer sorgte.

„Füreinander – Miteinander" ist das Motto der Nachbarschaftshilfe Taunusstein. Der Verein ist ein Zusammenschluss von Personen, die Mitbürgern Hilfe zur Bewältigung des Alltags anbieten und zwar unabhängig von Alter, Geschlecht und Herkunft. Der Verein arbeitet trägerübergreifend und ist parteipolitisch unabhängig. Aktive, passive und fördernde Mitglieder unterstützen mit ihrem Beitrag die Ziele des Vereins.

Die „Nachbarschaftshelfer" wissen: im Alter, unter Umständen geschwächt durch Krankheit oder andere Gebrechen, schafft man vieles nicht mehr allein und ist für Hilfeleistungen dankbar. – Genau da kommen die Mitglieder der Nachbarschaftshilfe ins Spiel und leisten ehrenamtlich Unterstützung. Ihre Hilfe ist vielfältig.

Den Nachbarn besuchen, beim Einkaufen helfen oder auch gemeinsam Spazierengehen. Am Computer, dem Internet oder beim Mobiltelefon erklären, zeigen und die „fremde Welt" erlebbar machen. Bei einem anderen Bürger sind kleine Reparatur- und oft auch Gartenarbeiten zu erledigen. Fälle aus der täglichen Praxis der ehrenamtlichen Mitglieder der Nachbarschaftshilfe.

Eine mühevolle und zeitaufwändige Aufgabe ist es, Angehörige zu pflegen. Für eine stundenweise Entlastung von diesen Aufgaben oder einfach nach einer Krankheit oder einem Krankenhausaufenthalt da zu sein, gehört ebenfalls zu den selbst übernommenen Verpflichtungen der Helfer in Taunusstein.

Jeder kennt es, man fährt in Urlaub und weiß die Wohnung allein, Pflanzen sind zu gießen, Haustiere zu versorgen und auch der Briefkasten muss geleert werden. Da freut man sich, wenn die freundlichen Mitglieder der Nachbarschaftshilfe zur Stelle sind. – Ein Anderer fühlt sich allein, braucht Gesellschaft, ein Gespräch oder möchte nur einen Zuhörer haben. Bei dem nächsten Termin ist Schriftverkehr zu erledigen, den der Betroffenen nicht mehr selbst bewältigen kann, oder es ist ein Behördengang zu erledigen. Und wieder sind die Mitglieder der Nachbarschaftshilfe zur Stelle und helfen.

Kurt Bischof, Erster Vorsitzender der Nachbarschaftshilfe sagte dazu bei der Preisverleihung: „Unsere Mitglieder leben selbstbestimmt in ihrer vertrauten Umgebung und wir helfen ihnen zu tun, was sie in einer schwieriger gewordenen Lebensphase nicht mehr selbst schaffen. Sie brauchen uns und wir unterstützen und helfen gerne. So können viele unserer Klienten möglichst lange im vertrauten Zuhause, in ihren eigenen vier Wänden bleiben."

Es steht auch ein ehrenamtliches Büroteam an vier Tagen in der Woche während der Bürozeiten zur Verfügung, sodass Mitbürger, die Hilfe in Anspruch nehmen wollen, auch immer einen Ansprechpartner finden. – Einige Zahlen belegen eindrucksvoll die Arbeit der Nachbarschaftshilfe. 2015 haben zum Beispiel 115 aktive Mitglieder insgesamt 3.200 Einsätze geleistet und dafür 4.400 Stunden aufgewendet. Bei diesen Einsätzen wurden mit dem Auto insgesamt 29.808 Kilometer zurück gelegt.

Der mit 5.000 Euro dotierte Stiftungspreis 2016 wurde am 7. Oktober 2016 während des Benefizkonzertes mit dem Shanty-Chor Rüsselsheim an Kurt Bischof, den Ersten Vorsitzenden der Nachbarschaftshilfe Taunusstein e.V. überreicht. Stiftungsvorstand Kurt-Jochem Graulich lobte bei der Preisübergabe die vielfältige beispielgebende Arbeit der Nachbarschaftshilfe. Deren Arbeit sei von prägender und nachhaltiger Sinnhaftigkeit. Dadurch sei in Taunusstein und seinen Stadtteilen Älterwerden mit weniger Problemen behaftet als anderswo. Kurt-Jochem Graulich: „Ich überreiche den Preis gerne, weil ich sehe, dass hier vorbildliche Arbeit für Menschen geleistet wird."

Kurt Bischof dankte sichtlich bewegt und freute sich über diese Großspende, die seinen Nachbarschaftsverein in die Lage versetzt, die Hilfsangebote auch weiterhin in gleicher Qualität anzubieten.

Unterstützung für Stoma-Kinder
Kurt Graulich Stiftung unterstützt Selbsthilfegruppe

Gerne verdrängt man den Gedanken, doch die Angst ist immer da: Mein Kind könnte mit einer schweren organischen Fehlbildung zur Welt kommen oder schwer erkranken. Doch meist sind die Befürchtungen aus der Zeit der Schwangerschaft für den Großteil der Eltern – zum Glück – schnell vergessen.

Anders bei den Eltern, die im Flörsheimer Pfarrzentrum St. Gallus zusammen kamen. Bei der Geburt ihres Kindes wurde die Angst zur Gewissheit, es kam mit einer Darmfehlbildung zur Welt, oder es erkrankte im Säuglingsalter so schlimm, dass der Darm irreparabel geschädigt wurde. Die Krankengeschichte vieler Kinder der Gruppe – die ältesten waren neun Jahre – füllen ganze Aktenberge.

Jedes der Kinder war schon mehrere Monate im Krankenhaus, hat etliche Operationen hinter sich und meist noch weitere vor sich. Nicht wenige von ihnen sind lebenslang auf ihr Stoma angewiesen. – Es ist aber nicht nur der Umgang mit dem künstlichen Darmausgang, den die Kinder und ihre Eltern lernen müssen. Das hatten zwei Mütter erkannt, die dann eine Selbsthilfegruppe gründeten. Dankbar nahmen weitere betroffene Eltern die Möglichkeit an, endlich ihre Erfahrungen untereinander auszutauschen. – Die Leiterinnen der Gruppe mussten allerdings auch erkennen, wie unzureichend die betroffenen Familien über ihre sozialen Rechte und damit über geeignete Formen der Unterstützung informiert sind.

Nach Flörsheim waren neun betroffene Familien gekommen, die sich vom Referat von Renate Heule nützliche Informationen und auch Problemlösungen versprachen. – Renate Heule ist Mitarbeiterin im Zentrum für Systematische Bewegungstherapie und Kommunikation e.V. in Tübingen. Im gemeinsamen Spiel mit den Kindern und einer ausgiebigen Gesprächsrunde gab Renate Heule den Eltern mit ihren kranken Kindern und den Geschwister-Kindern neue Zuversicht. Sie nahmen Hilfe und Anregungen für eine gemeinsame Alltagsbewältigung mit nach Hause.

Die Zusammenarbeit mit der Referentin wurde durch die Kurt Graulich Stiftung ermöglicht. Durch unbürokratische Kostenübernahme ermöglichte die Stiftung der Selbsthilfegruppe die Einladung der kompetenten Referentin. – „Was fast noch wichtiger ist", so eine der Mütter, „die teilnehmenden Familien wurden in ihrem Gefühl bestärkt, mit ihren Problemen nicht allein zu sein."

Tausend Euro Spende
Kurt Graulich Stiftung unterstützt Hospiz im Kraichgau

„Man muss nicht selbst außergewöhnlich sein, um etwas Außergewöhnliches zu tun." – Die Kurt Graulich Stiftung >Helfen in Not< nimmt diesen Leitsatz für sich selbst in Anspruch. Er ist ihr, bzw. ihrem Gründer und Vorstand Kurt-Jochem Graulich Ansporn, Menschen und Organisationen zu unterstützen, die selbst Außergewöhnliches zu leisten bereit sind und ihr Engagement als Selbstverständlichkeit betrachten, ohne groß Aufhebens davon machen zu wollen.

Anfang des Jahres 2007 war die Stiftung auf das Kraichgau-Hospiz in Adersbach, einem kleinen Vorort von Sinsheim aufmerksam geworden, das von zwei Frauen gegründet wurde, die sich neben ihrem beruflichen Engagement als Krankenschwestern, der Aufnahme, Pflege und Begleitung von Sterbenden verschrieben haben.

Im Vergleich zu anderen Hospiz-Einrichtungen besteht beim Kraichgau-Hospiz, neben der häuslichen Pflege und Sterbebegleitung die Möglichkeit, Schwerstkranke in Räume des Hospiz aufzunehmen. Aufgenommen werden Menschen, deren Pflege durch Angehörige zu Hause nicht geleistet werden kann und deren Übernahme in eine Klinik oder ein Altersheim nicht möglich ist oder vom Patienten nicht gewollt wird. – Es sind nicht nur alte Menschen, die Sterbebegleitung in Anspruch nehmen müssen, sehr oft zwingt eine unheilbare Krankheit, den Weg zu einem bzw. in ein Hospiz zu gehen.

Das Außergewöhnliche des Kraichgau-Hospiz tritt unter anderem durch den wohltuend unkomplizierten Umgang mit dem Sterben in Erscheinung. So war es weder für die Bewohner des kleines Sinsheimer Ortsteiles, noch für Betreuer und Gäste ein Problem das zweijährige Bestehen der Hospiz-Einrichtung im Rahmen eines Festes zu begehen. Die Kurt Graulich Stiftung war zu diesem kleinen Sommerfest eingeladen. Stiftungsvorstand Kurt-Jochem Graulich und Kuratoriumsmitglied Hannelore Sievers übergaben eine 1.000-Euro-Spende, die dem Kraichgau-Hospiz, das von staatlichen Stellen nicht unterstützt wird, bei der Bewältigung seines vielfältigen Aufgabenfeldes helfen soll.

Bürokratie ist woanders, bei uns wird geholfen
Unbekannt

Vorträge für die Kurt Graulich Stiftung

Die Kurt Graulich Stiftung >Helfen in Not< braucht für ihre vielfältigen Hilfsmaßnahmen finanzielle Mittel. Die werden aus Zinserträgen aus dem Stiftungskapital, aus Mitgliedsbeiträgen, Spenden sowie aus den Einnahmen aus Vorträgen und auch Benefizveranstaltungen generiert.

Christa Müller:
Grausame Verstümmelung von Frauen

Angelika Glöckner:
Das persönliche Schuldgefühl

Dr. Walther Lechler:
Ansteckende Gesundheit

Prof. Dr. Eckart Hammer:
Das Beste kommt noch

Dr. Konrad Strauss:
Wenn die Seele hungert

Dr. Godehard Stadtmüller:
Über das Glück

Dr. Hermann Lechleitner:
Wünsche – Ziele – Lebensweg

Prof. Dr. Eckart Hammer:
Alt werden oder altern

David Gilmore:
Die Kraft des Lachens

Bernd Kreuzberg:
Die Geschichte vom kleinen Hund

Marion Lindlar:
Ursachen und Erscheinungen von Ess-Störungen

Grausame Verstümmelung von Frauen
Vortrag von Christa Müller

Die genitale Verstümmelung von Mädchen und Frauen war das Thema von Christa Müller, die im vollbesetzten Saal des evangelischen Gemeindezentrums in Flörsheim ein aufmerksames und im Laufe des Abends schockiertes Publikum mit ihren Ausführungen beeindruckte. – Beschneidungsrituale finden nicht nur in Afrika statt, es gibt eine beunruhigend hohe Dunkelziffer auch in Deutschland und weiteren europäischen Ländern, erklärte Christa Müller, Vorsitzende von (I)NTAKT, (Internationale Aktion gegen die Beschneidung von Mädchen und Frauen e.V.), einem Verein, der seit 1996 mit massiver Aufklärung gegen eine grausame Tradition zu Felde zieht.

Um die bestialische Vorgehensweise bei den noch immer weit verbreiteten Beschneidungsritualen zu verdeutlichen, zeigte Christa Müller zunächst ein Video der ZDF-Sendung „Mona Lisa", in dem nicht nur Befürworter und Gegner aus den betroffenen Ländern zu Wort kamen, sondern auch die Beschneidung eines kleinen Mädchens gezeigt wurde. Bilder, die die Besucher während des ganzen Vortrags vor Augen hatten und die allen theoretischen Erklärungen einen real-grausamen Hintergrund lieferten.

Sympathisch, schnörkellos, eindrücklich und aufrüttelnd vermittelte Christa Müller ihrem Publikum dieses viel zu oft totgeschwiegene Thema. – Drei Arten von Beschneidungen gibt es, erläuterte sie, die sunitische, bei der lediglich die Vorhaut der Klitoris, die Exision, bei der Klitoris und Teile der kleinen Schamlippen, und die pharaonische, bei der Klitoris, kleine und große Schamlippen entfernt werden. Im Anschluss an dieses grausame Zeremoniell werde die Wunde bis auf Reiskorngröße wieder zugenäht. Höllenqualen, so Christa Müller, die man sich in der zivilisierten westlichen Welt nicht vorstellen kann. Qualen, die Frauen ein Leben lang ertragen müssen.

Fünf bis zehn Prozent der Mädchen, so Christa Müller, sterben direkt nach dem Eingriff, andere leiden an Spätfolgen wie Nierenentzündungen, Fisteln, Menstruationsbeschwerden und Geburtskomplikationen. Die wenigsten Eingriffe würden in Kliniken mit hygienischen Voraussetzungen vorgenommen. – In Dörfern sei es zudem üblich, gleich mehrere Beschneidungen nacheinander vorzunehmen. Wenn es beispielsweise an Rasierklingen und Messern fehle, würden auch Deckel von Konservendosen zum Instrument, alles ohne Betäubung und Sterilisation.

Nicht nachvollziehbares Problem sei die Tatsache, dass diese Tradition vorwiegend von Frauen aufrecht gehalten werde. Beschneiderinnen „erben" diesen Beruf von ihren Müttern und haben hohes gesellschaftliches Ansehen. Um Akzeptanz geht es auch bei den Mädchen. Werde ein Mädchen nicht beschnitten, werde die ganze Familie aus der Dorfgemeinschaft ausgegrenzt. Beschneidung gilt als Zeichen von Jungfräulichkeit und erwirke damit einen höheren Brautpreis.

Ein Umdenken der Menschen zu erreichen, sei ein schwieriges Kapitel, betonte Christa Müller. Aufklärung leiste der Verein (I)NTAKT. Die Mentalität der betroffenen Bevölkerung zu kennen und in ein Aufklärungsprogramm einzubeziehen, sei ein Anfang zum Erfolg. Mit relativ geringen Mitteln könnten große Erfolge erzielt werden, beendete Christa Müller ihren aufrüttelnden Vortrag.

Kurt-Jochem Graulich dankte Christa Müller und erhöhte die Einnahmen des Abends spontan zu einer Spende von 1.000 Euro.

79

Das persönliche Schuldgefühl
Vortrag von Angelika Glöckner

Am 27. November 2003 war der Flörsheimer Keller ausgebucht, als die Stiftung zu einem Vortrag „Das persönliche Schuldgefühl" mit der Lehrtherapeutin und Psychotherapeutin Angelika Glöckner einlud. – Die komplexen Themen Paartherapie, Dreiecksbeziehungen, Themen von Schuld und Schuldgefühlen, Umgang mit traumatischen Erfahrungen, Versöhnung mit der eigenen Vergangenheit und Fragestellungen zum Bereich Sinnhaftigkeit wurden von Angelika Glöckner einfühlsam behandelt und mit Leben erfüllt.

Schuldgefühle können, ebenso wie tatsächliche Schuld, von voraus gegangenen Menschen übernommen, sie können beauftragt sein oder in uns selbst wachsen. Gern werden diese Gefühle unterdrückt und abgewehrt. Dadurch weichen wir wichtigen Herausforderungen aus, gleichzeitig werden Lebensfreude und Leichtigkeit unterbunden.

Angelika Glöckner empfahl Wachsamkeit und Unterscheidungsvermögen, erste Signale richtig zu deuten. Müssen wir etwas in Ordnung bringen oder eventuell gar mit der Schuld leben lernen? – Angelika Glöckner erklärte ihrem interessierten Publikum, wie einschränkende Funktionen falscher Schuldgefühle zu erkennen sind und was sinnvoll getan werden kann, um diesem Teufelskreis zu entkommen.

Angelika Glöckner ist auch Autorin der Bücher „Ich kann doch nichts dafür …" sowie „Lieber Vater, Liebe Mutter – sich von den Schatten der Kindheit befreien."

81

Ansteckende Gesundheit
Dr. Walther Lechler 2004 bei der Kurt Graulich Stiftung

Dass es ansteckende Krankheiten gibt, ist bekannt. Aber ansteckende Gesundheit? – Dr. med. Walther H. Lechler, Neuropsychiater und Psychotherapeut, referierte vor etwa 200 begeisterten Zuhörern im total überfüllten evangelischen Gemeindezentrum in Flörsheim zu dem Thema „Ansteckende Gesundheit – aus der Lebenserfahrung eines alten Arztes."

Die Lehre Dr. Lechlers über ein ganzheitliches Gesundheitsprogramm, das so genannte „Bad Herrenalber Modell", ist denkbar einfach und doch so schwierig. „Viele müssen erst durch die Hölle gehen, um nach ihr zu leben", verblüffte er seine Zuhörer. Dr. Lechler präsentierte weder Zahlen noch wissenschaftliche Forschungsergebnisse. Was er in seinem anekdotenreichen Vortrag berichtete, basiere lediglich auf Lebenserfahrung und Weisheit. – „Wie ließe sich auch der Grad der Vergebung oder die Sehnsucht nach Religion messen?"

Dr. Lechler ging nach dem Studium in die USA und arbeitete dort lange Zeit als Militärarzt eines Bataillons für 1.200 Soldaten und ihre Familien. Hier hatte er auch zum ersten Mal Kontakt mit Selbsthilfegruppen. „Dreißig Soldaten, vom Oberstleutnant bis zum einfachen Rekruten, lernte ich dort kennen, die alle wegen ihres Alkoholismus in der Gruppe waren", erzählte Dr. Lechler. „Ich habe so viel Wärme und Herzlichkeit erlebt. Die Menschen wurden dort mit offenen Armen empfangen." – „Wir haben die Hoffnung auf eine bessere Vergangenheit total aufgegeben." – Mit diesem zunächst unverständlichen Satz befreien sich die Anonymen Alkoholiker von allen Fangstricken und Wunden der Vergangenheit. Sie sind nicht mehr Opfer, sondern frei für ein neues Leben.

Die Sicht der Anonymen Alkoholiker auf das Leben, auf Krankheit und Heilung habe seine medizinischen Methoden grundsätzlich geändert, so Dr. Lechler. – Die Anonymen Alkoholiker überwinden die Sucht mit Menschenliebe, Gottesglauben, Demut und Vergebung. In ihren Gruppen herrscht warmherzige Anerkennung der anderen. – „Wir brauchen dich, du bist richtig hier, komme immer, wann du willst, wir werden dich so lange lieben, bist du in der Lage bis, dich selbst zu lieben", lautet ihre einfache Botschaft. Ihre Erfahrung ist: Nur wenn Alkoholiker lernen, dass nur „eine andere Macht, größer als wir selbst", die geistige Gesundheit zurückgeben kann, kommen sie von der Flasche los. Auf dieser Basis sei Vergebung der einzig gangbare Weg zur Heilung. Anderen verzeihen, eigene Fehler zugeben und wiedergutmachen. Groll mache krank, ist Dr. Lechler überzeugt, der sei die größte Gefahr und verhindere das neue Leben.

Nach dieser Erfahrung wendet Dr. Lechler das Programm der Anonymen Alkoholiker auch als Psychiater und Therapeut an. Suchtkranke, aber auch Patienten mit psychosomatischen Erkrankungen oder Depressionen müssen sich in einer Art bedingungsloser Kapitulation der höheren Macht, Gott, ergeben. Nur dadurch werden sie die Kraft erfahren, „die Berge versetzt." Lieben und Verzeihen, so Dr. Lechler, mache gesund.

„Leider hat das Ergebnis dieser Lebensschule keinen Einzug in die Schulmedizin gehalten", bedauerte Dr. Lechler. Gerade wenn es um Alkoholismus gehe, stießen die üblichen Therapieformen an ihre Grenzen. Sie bestünden lediglich aus körperlicher Entwöhnung und der Beseitigung der körperlichen Schäden. Der Mensch als Ganzes werde dabei vergessen. „Daraus entstehen dann sogenannte ‚Drehtür-Patienten', wie sie in der Medizin genannt werden." Die ganzheitliche Betreuung fehle. „Jede körperliche Krise ist auch eine geistige, eine innere Krise, die der Mensch bewältigen muss", mahnte Dr. Lechler zum Abschluss.

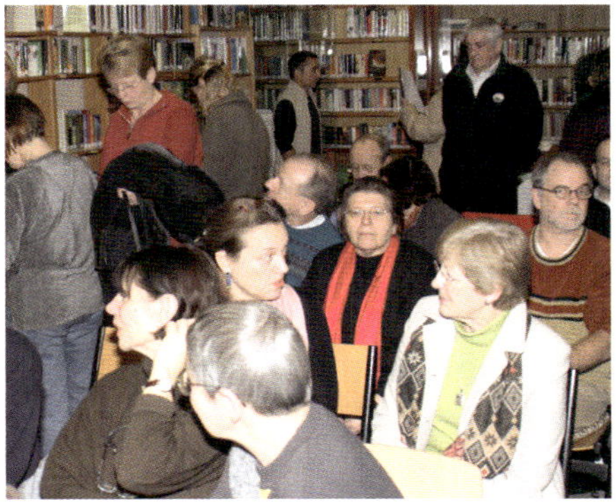
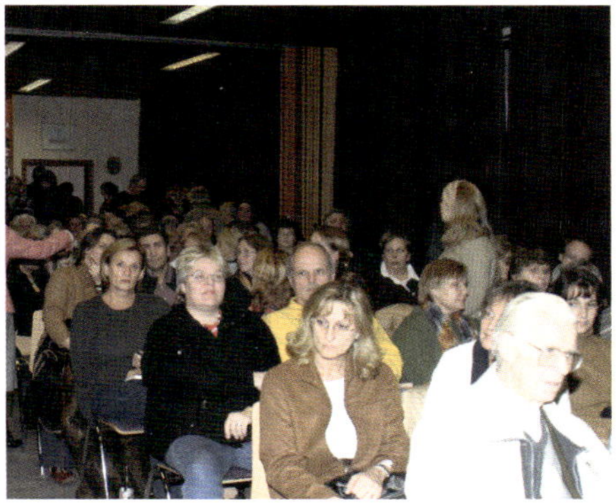
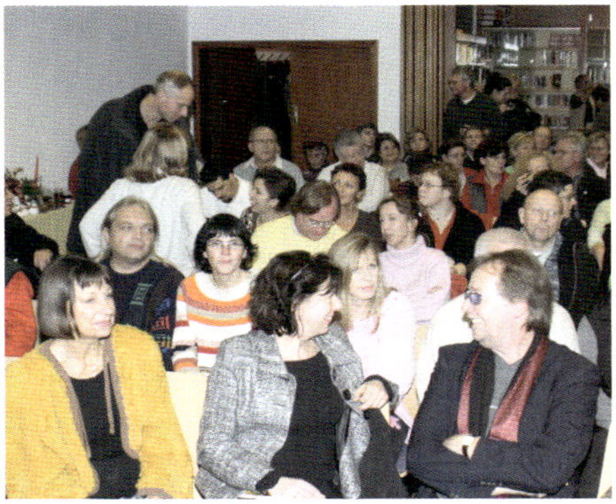
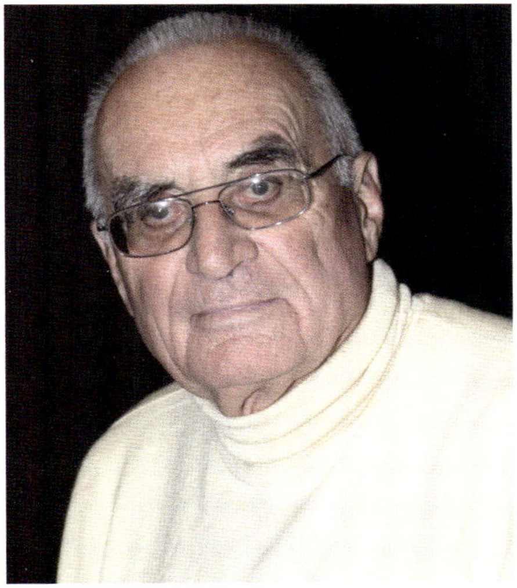
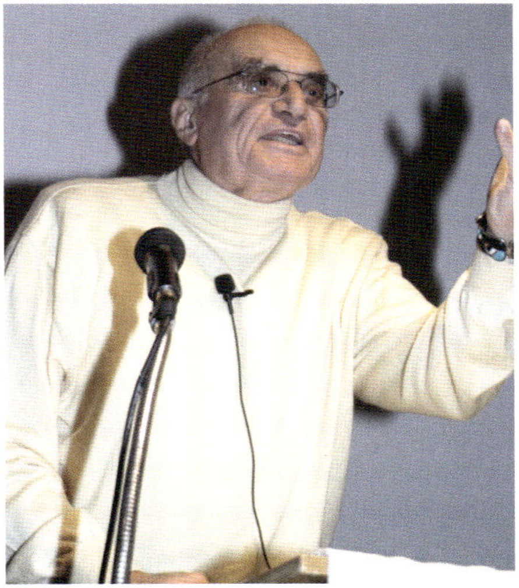
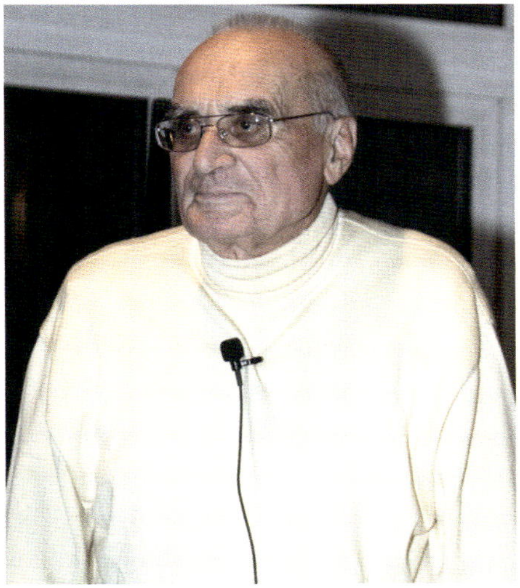
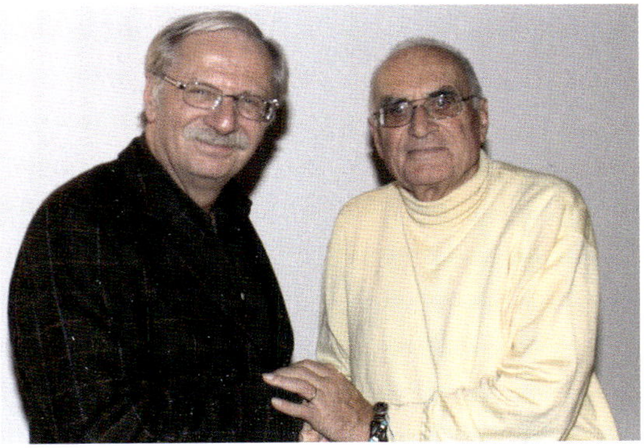
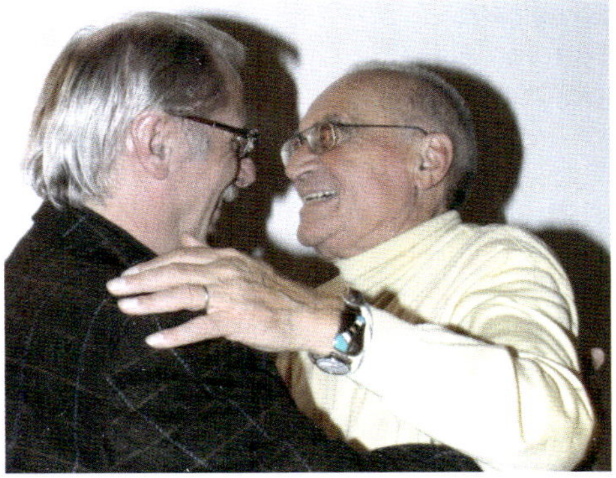
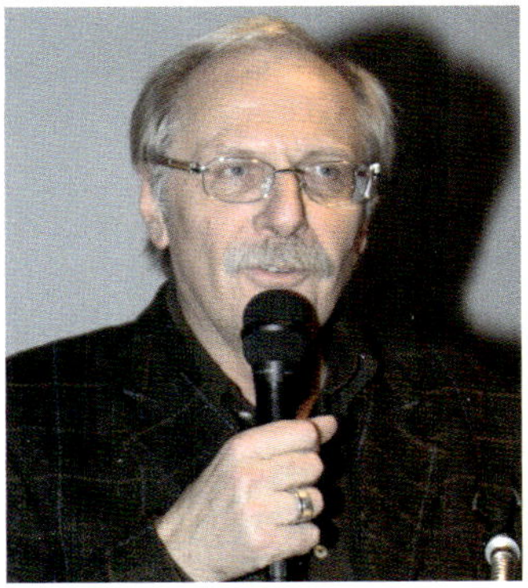

Das Beste kommt noch
Vortrag von Prof. Dr. Eckart Hammer

Professor Dr. Eckart Hammer beschäftigt sich seit Jahren intensiv mit der Jungphase des werdenden Alters. Im vollbesetzten Evangelischen Gemeindehaus in Flörsheim stellte Dr. Hammer am 25. November 2004 vor seiner Zuhörerschaft fest, die hoffnungsvolle Generation 50plus sei in aller Munde.

Im Gegensatz zu Frauen seien Männer über 50 noch weitgehend unerforschte Wesen. Noch nie habe man(n) so viele Möglichkeiten wie heute, diesen Lebensabschnitt zu gestalten. Wenn die Kinder aus dem Haus, körperliche Höchstleistungen nicht mehr unbedingt selbstverständlich seien und das Ende der Berufstätigkeit zumindest in absehbare Nähe rücke, ergebe sich die Frage, welche Freiräume und Chancen bieten sich an, oder auch, was lässt man besser sein.

Dabei halte gerade diese Lebensphase zahlreiche Fallen für das männliche Selbstverständnis bereit. Dr. Hammer stellte die Frage in den Raum, was Männer machten, wenn morgens der Wecker nicht mehr klingelt? Männer im Unruhestand hätten noch nie so viele Möglichkeiten wie heute, den neuen Lebensabschnitt zu gestalten. Und noch nie hätten sich Männer mit dieser späten Freiheit so intensiv beschäftigen müssen. Ungeahnte Potenziale an Erfüllung und Selbstbestimmung ließen sich in diesem Altersabschnitt realisieren. Hilfreich sei, empfahl Dr. Hammer, sich frühzeitig Gedanken darüber zu machen.

Prof. Dr. Eckart Hammer, Dipl.-Sozialpädagoge und Sozialwissenschaftler, lehrt an der Evangelischen Hochschule Ludwigsburg Gerontologie und ist Autor der Bücher „Männer altern anders" sowie „Das Beste kommt noch". – Er beschäftigt sich seit Jahren mit der Jungphase des werdenden Alters.

85

Wenn die Seele hungert
Vortrag 2007 von Dr. Konrad Strauss

Dr. Strauss, der zu einem Vortrag für die Kurt Graulich Stiftung nach Flörsheim gekommen war, polarisierte. Er ist Arzt, Wissenschaftler, Begründer und langjähriger Leiter der psychosomatischen Klinik in Bad Grönenbach. Im vollbesetzten evangelischen Gemeindezentrum in Flörsheim sprach er über den Zusammenhang zwischen neurologisch verankerten, seelischen Grundbedürfnissen und seelischer Gesundheit.

Es gebe verschiedenste Beziehungsvarianten sowie unterschiedlichste Blickwinkel, aus denen man Beziehungen betrachten könne, sagte der Referent, und: „In der heutigen Gesellschaft haben die meisten Menschen genügend Brot, doch sind sie unfähig, Beziehungen einzugehen", stellte Dr. Strauss in den Raum. Deutschland sei ein Dritte-Welt-Land in Bezug auf die Befriedigung von Beziehungswünschen. Diese Tatsache sah Dr. Strauss deshalb als erschreckend an, da wir uns doch ständig in Beziehungen befänden. Er sprach von einer beziehungskranken Welt, von Raffgier-Mentalität und von den negativen Folgen der Individualisierung. Die Not unserer Zeit sei die Unfähigkeit, beständige Beziehungen aufzubauen und zu behalten.

Aufgabe der Psychotherapie sei es deshalb, ein gesteigertes Wohlbefinden beim Menschen zu sichern und dafür zu sorgen, dass seine Grundbedürfnisse befriedigt werden. Zu den insgesamt sieben Grundbedürfnissen, so Dr. Strauss, zählt unter anderem die Bindung, die Autonomie, die Identität und das Recht auf körperliches Wohlbefinden. Alle zusammen bildeten dann das „7-Korn-Brot", das der Einzelne als Nahrung der Seele benötige. – Ein anderes Problem sei, so Dr. Strauss, das „Clint Eastwood Syndrom", das speziell bei Männern verbreitet sei. Wie der Westernheld gehen diese Menschen mit der Einstellung durchs Leben „Ich brauche niemanden." Aber gerade dadurch werde deutlich, wie individuell und vielfältig die Probleme beim Aufbau oder der Pflege einer Beziehung sein können.

Dabei weise doch schon der christliche Glaube den richtigen Weg, so Dr. Strauss. Die Dreifaltigkeitslehre besage nichts anderes, als dass Gott, der Heilige Geist und Jesus in einer großen Beziehung leben und im ständigen Dialog stehen. Die Beziehung zwischen Gott und Menschen sei sogar so groß, dass sie über den Tod hinaus gehe.

Auch aus psychosomatischer Sicht sei ein Leben ohne Beziehungen nicht denkbar. Die Persönlichkeit eines Menschen zeige sich in der Gestaltung seiner Beziehung. Jahrzehnte glaubte die Wissenschaft, dass die Ursache von seelischen Störungen irgendwo in der Kindheit zu suchen sind. „Mama und Papa sind schuld" sei nicht der Wirkfaktor. Die Genesung erfolge nicht durch Aufarbeitung traumatischer Erlebnisse in der Kindheit, sondern durch die Umsetzung der in der Kindheit erlernten Beziehungsstrukturen in neue Beziehungsstrukturen.

Dr. Konrad Strauss weiß, Erkenntnisse der Neurobiologie zeigten, dass Beziehungsmangel, „seelischer Hunger", zu massiven Schädigungen des Hirns und Schwankungen im Hormonhaushalt führen könne. Der Körper sei auf Beziehungen angewiesen. Die Befriedigung des Bindungsbedürfnisses werde vor allen anderen Eindrücken im Hirn abgespeichert. Das Gleiche geschehe auch bei emotionalen Enttäuschungen. Es entstehen Konflikte. Dr. Strauss: „Man sucht und braucht die Nähe, weiß aber um den seelischen Schmerz bei einer Zurückweisung und scheut den Kontakt. Die Folge davon ist seelische Verarmung."

Dr. Konrad Strauss, der auch ein Buch zu diesem Thema geschrieben hat, erläutert darin ausführlich in einem „zwölf-Schritte-Programm", mit welchen Methoden die Defizite der seelischen Grundbedürfnisse ausgeglichen werden können.

87

Über das Glück
Vortrag von Dr. Godehard Stadtmüller

In Zusammenarbeit mit dem Zentrum im Kraichgau (Sinsheim) lud die Kurt Graulich Stiftung >Helfen in Not< interessierte Bürger 2006 in das evangelische Gemeindehaus in Flörsheim zu einem Vortrag ein.

Hochkarätige Referenten kommen immer wieder zu Vorträgen nach Flörsheim aufgrund der ausgezeichneten und weitreichenden Beziehungen von Stiftungsgründer Kurt-Jochem Graulich.

Dr. Godehard Stadtmüller, Facharzt für Neurologie, Psychiatrie und Psychotherapie sowie Lehrtherapeut für Bonding-Psychotherapie kam nach Flörsheim, um über das Glück zu sprechen. Von 1996 bis 2010 war Dr. Godehard Stadtmüller zudem Chefarzt der Adula-Klinik, mit Arbeitsschwerpunkt stationäre Psychotherapie, therapeutische Gemeinschaft und Hyponotherapie.

Glück scheint eine der großen Sehnsüchte der Menschheit zu sein. Stetes Glück gleichsam eine paradiesische Sehnsucht, jedoch in der hiesigen Welt nicht erreichbar. Die meisten Menschen allerdings erleben und empfinden das Glück nur im Kontrast zu Unglück. Andererseits gibt es Menschen, die – und zwar unabhängig von äußeren Umständen – glücklicher und auch solche, die unglücklicher sind. – Wege, das eigene Glück zu festigen, referierte Dr. Stadtmüller anschaulich in seinem Vortrag.

89

Wünsche – Ziele – Lebensweg
Dr. Hermann Lechleitner im Evang. Gemeindehaus

2007 war Dr. Hermann Lechleitner zu Gast im Evangelischen Gemeindehaus Flörsheim. „Haben Sie sich auch schon gefragt, warum es Ihnen trotz gutem Willen nicht gelingen will, eigene Wünsche und Ziele in die Tat umzusetzen, wahr werden zu lassen? Nun, vielleicht mag es daran liegen, dass Sie sich selbst gar nicht darüber im Klaren sind, was Ihnen in Ihrem Leben wirklich wichtig ist." – Mit diesen teils provokativen Äußerungen stellte Dr. Hermann Lechleitner, Facharzt für Anästhesie und Intensivtherapie, Schmerztherapeut und Psychoonkologe, klar, dass es ein erfülltes Leben nicht auf Rezept geben kann.

Aus einer persönlichen Erfahrung mit den verschiedensten Aspekten und Bereichen der humanistischen Psychologie kam er zu dem Schluss, dass nur ein „ganzheitliches Verständnis von Krankheit, Heilung und Leben" nachhaltigen Erfolg versprechen kann.

Seit 1982 begleitet Dr. Lechleitner in Seminaren und Einzelsitzungen Menschen auf ihrem persönlichen Weg zu Gesundheit und erfülltem Leben. – Didaktische und ganzheitliche Ansätze seines Vortrags lauten, wie lerne ich mich zu entscheiden, wie entdecke ich meine verborgenen Wünsche und Ziele, wie stärke ich meine Zuversicht, baue hemmende Überzeugungen ab? Dr. Lechleitner vermittelte Anregungen und dürfte mit seinen Ausführungen bei seinen aufmerksamen Zuhörern sicherlich für das eine oder andere Aha-Erlebnis gesorgt haben.

In letzter Konsequenz bedürfe es einer klaren Strategie, dem Willen zur Auseinandersetzung und dem Erkennen, dass jedes Individuum auf die eine oder andere Weise auf bestimmte Verhaltensmuster reagiere, so Dr. Lechleitner.

„Mein Lebensweg ist ein einzigartiger, individueller Prozess, an dem Körper, Geist und Seele gleichzeitig teilhaben", weiß Dr. Lechleitner, „also muss ich mich mit allen drei Aspekten auseinandersetzen, mir ihrer jeweiligen Bedeutung bewusst werden, damit ich voll hinter dem stehen kann, was mir persönlich wichtig ist. Ich lerne, die auf meinem Weg richtigen Schritte in der richtigen Reihenfolge zu gehen und erlange damit den Mut, diesen Weg zu gehen."

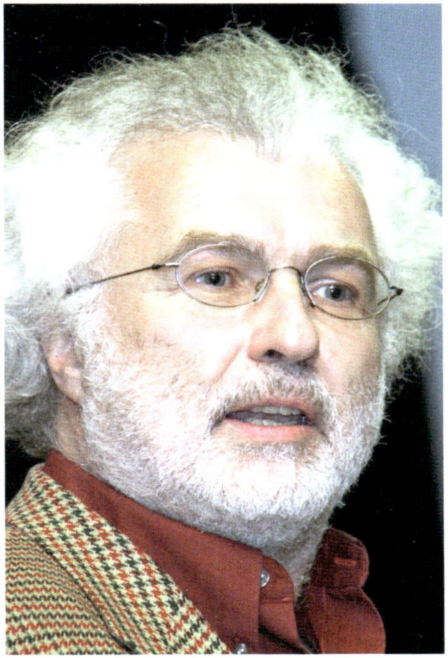

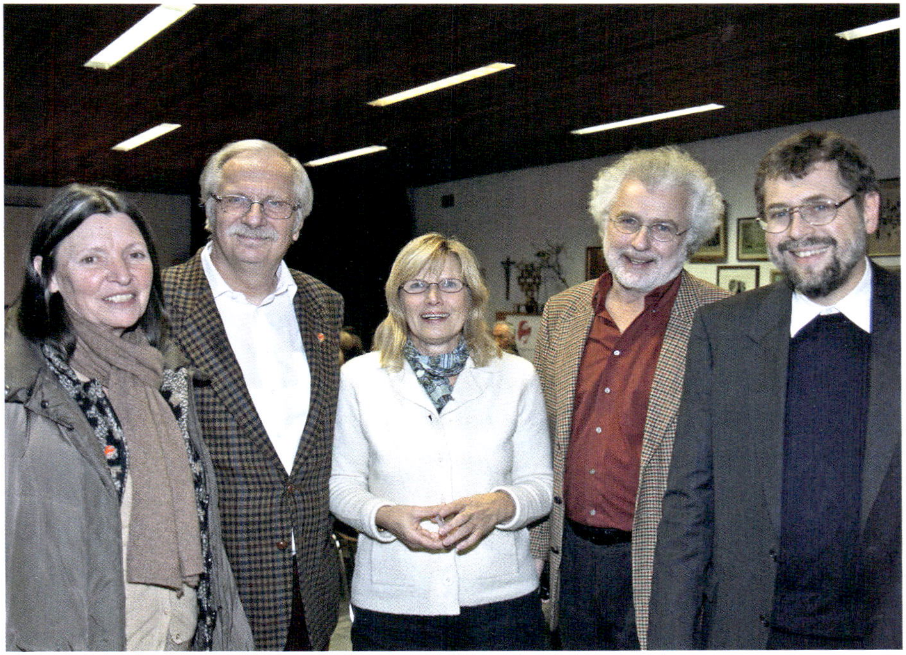

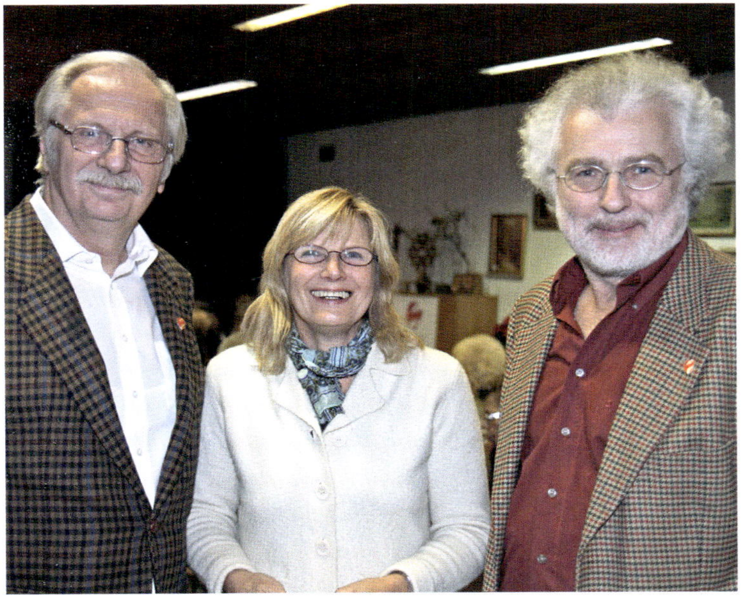

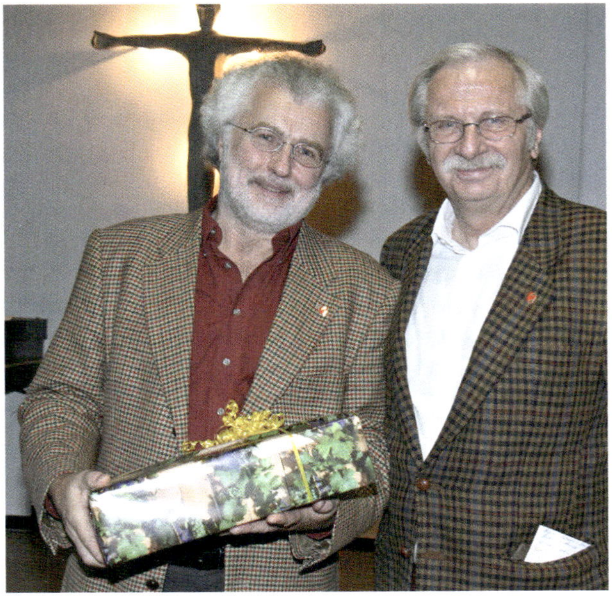

Alt werden oder altern?
Vortrag von Prof. Dr. Eckart Hammer

Du sollst Vater und Mutter ehren, auf das es dir wohl ergehe und du lange lebest auf Erden! „Das vierte Gebot ist das einzige, das mit einem Zusatztext ausgestattet ist." – Diese Feststellung setzte Professor Dr. Eckart Hammer an den Beginn seines Vortrages im Evangelischen Gemeindehaus, zu dem er auf Einladung der Kurt Graulich Stiftung nach Flörsheim gekommen war. Ein Faktum, das uns allen bekannt ist, über das wir aber viel zu wenig nachdenken. Der Diplom-Sozialpädagoge unterstrich seine Aussage zum vierten Gebot mit einer Zeichnung von Ludwig Richter, die er – samt dazu gehöriger Geschichte – einem Märchenbuch der Brüder Grimm entnommen hatte und rückte damit den Mythos von „der guten alten Zeit, in der es den Alten so viel besser ging" in ein ganz anderes Licht.

Alt sein sei nie ein ungetrübtes Vergnügen gewesen. Ein Grund für unsere heutige „Ältere Generation" es so weit wie möglich vor sich her zu schieben und mehr oder weniger gern dem Wahn des „jung seins" zu erliegen.

Zur Unterstreichung seiner Ausführungen zeigte er die Bildnisse zweier Frauen, beide im Alter von 63 Jahren: Die Zeichnung Albrecht Dürers, seine alter Mutter darstellend und eine Farbfotografie der Schauspielerin Senta Berger. Das waren nicht die einzigen Beispiele humorvoller Gegenüberstellungen, die Amüsement und Gelächter des Publikums hervorriefen. Eine hohe Aufmerksamkeit war dem Professor auf jeden Fall sicher.

Die Generationspyramide, die sich im Vergleich zur „guten alten Zeit" längst auf die Spitze gedreht hat: Es gibt immer mehr Alte und immer weniger Junge, sieht Dr. Hammer nicht als Kampfansage, egal von welcher Seite aus betrachtet. Die Ansichten seien austauschbar. So höre man immer wieder „die Jugend von heute kannst du vergessen." Angesprochen auf die eigenen Enkel käme dann aber die überzeugte Antwort, diese seien eben anders. Im Umkehrschluss seien die Aussagen der Jugend der Großeltern-Generation gegenüber deckungsgleich: „Die Alten nerven", aber die eigene Oma oder der eigene Opa, die sind klasse. – Überhaupt sei das Verhältnis zwischen Großeltern und Enkeln stets besser, als das zwischen Eltern und erwachsenen Kindern.

Ein Problem sieht Dr. Eckart Hammer in der seit Jahrzehnten schrumpfenden Kinderzahl und schlägt als Lösung Mehrgenerationen-Wohnanlagen vor. Hier könnten sich „die Alten", die sich ja jung genug fühlten, zur Kinderbetreuung in der Nachbarschaft einbringen und „die Jungen" sich dafür in pflegender oder helfender Art revanchieren: einkaufen, kleine Reparaturen ausführen etc. „Es gibt genau so viele Helfensbedürftige wie Hilfsbedürftige", so Dr. Hammer.

Ob er mit seiner Ansicht und seinem Vorschlag „lasst uns würdige Greise und Greisinnen werden", bei den Zuhörern ankam, dürfte angezweifelt werden. Es sah eher so aus, als fühle sich sein aufmerksam folgendes Publikum jung genug, um die kommenden Jahre bei bester Gesundheit ohne fremde Hilfe meistern zu können.

93

Die Kraft des Lachens
Vortrag von David Gilmore

Er trägt zur dunklen Hose ein rotes Hemd, Hosenträger und eine rote Krawatte mit unzähligen weißen und einem schwarzen Schäfchen. – Ein Clown? Die, eher graue, Lockenmähne passt zum markanten Gesicht mit den lebhaften, von unzähligen Lachfältchen umgebenen, Augen. Lachen bereitet ihm nicht nur Vergnügen, er hat es quasi zu seinem Beruf gemacht. – Als David Gilmore neunzig unterhaltsame Minuten später sein Publikum verabschiedete, entließ er nur gut gelaunte Menschen, die alle eines gemeinsam hatten, es war ihnen ein Lachen ins Gesicht gezaubert.

David Gilmore war 2012 mit seinem Vortrag „Die Kraft des Lachens" im Evangelischen Gemeindehaus dafür verantwortlich, dass die vorhandenen Plätze nicht ausreichen und eine Menge zusätzlicher Sitzgelegenheiten herbei geholt werden mussten. Nahezu einhundert Besucher ließen sich von David Gilmore's Ausführungen fesseln. Es dauerte nicht lange und es verbreitete sich eine heitere Atmosphäre. Fröhliches Lachen bis hin zum Gelächter erfüllte immer wieder den vollbesetzten Saal.

Lebensfreude entspräche unserer Natur. Herzhaftes Lachen sei ihr natürlicher Ausdruck, Humor sei ein Zeichen wahrer Freiheit und seelischer Gesundheit. – David Gilmore, ein gebürtiger Engländer, ist in seiner badischen Wahlheimat längst angekommen. Das dokumentierte er beispielsweise mit dem (badischen) kategorischen Imperativ „so", was soviel bedeute wie: so isses. Das umgangssprachlich badisch-gemütliche „soso" (mit Betonung auf dem zweiten so) dagegen sei sowohl Synonym für Zweifel, für leidlich wie auch für annehmbar, durchschnittlich oder auch einigermaßen.

Der Psychoanalytiker Gilmore hat sich die Kraft des Lachens (David Gilmore ist auch Clown) zu Eigen gemacht. Er weiß seine Mitmenschen, sein Publikum zum Lachen zu bringen. Mit einfachsten Mitteln. Zum Beispiel mit einer roten Nase. Es genüge zu wissen, verriet er, dass man sie dabei habe, um eigene Fröhlichkeit weiter zu geben und beim Gegenüber zu erzeugen. – David Gilmore praktizierte das in seinem Vortrag, philosophierte über das Lachen und unterstrich die Wirkung auch durch unterschiedliche Körperhaltungen.

Die Zuhörer folgten ihm willig und freuten sich über einen vergnüglichen Abend bei der Kurt Graulich Stiftung. – Ein ebenso gut gelaunter Kurt-Jochem Graulich verabschiedete das Publikum und bedankte sich auch bei Jeff und Julia Gordon, die mit ihrem Zentrum im Kraichgau David Gilmore für diesen Abend vermittelt hatten.

95

Die Geschichte vom kleinen Hund
Vortrag von Bernd Kreuzberg

Zu einem besonderen Vortrag, der in Zusammenarbeit mit dem Förderkreis für Ganzheitsmedizin in Bad Herrenalb stattfand, wurden interessierte Bürger im März 2010 in das Evangelische Gemeindezentrum in Flörsheim eingeladen.

Bernd Kreuzberg, Dipl. Psychologe und Psychologischer Psychotherapeut, behandelte in seinem Vortrag mit dem beziehungsrelevanten Titel „Die Geschichte vom kleinen Hund" die Bedeutung sozialer Resonanz in Bindung und Beziehung.

Bernd Kreuzberg referierte, eines der Grundbedürfnisse des Menschen sei es, sich zugehörig zu fühlen und von den Mitmenschen geachtet und anerkannt zu werden. Von Anfang an prägen Bindungs- und Beziehungsbedürfnisse unser Leben. Sie seien oftmals auch Hintergrund für psychische und psychosomatische Erkrankungen. Nur durch die widerspiegelnde Begegnung mit anderen Menschen könnten wir erfahren, wer wir sind.

Die Zuhörer im vollbesetzten Gemeindesaal waren von dem Referenten wie auch von seinen Ausführungen sehr angetan und verwickelten ihn im Anschluss an seine Ausführungen in eine rege Diskussion.

97

Ursachen und Erscheinungen von Ess-Störungen
Vortrag von Marion Lindlar

Das Thema war und ist nicht einfach. Ess-Störungen sind eine ernstzunehmende Krankheit. Sie kommen in der heutigen Gesellschaft immer häufiger vor, werden gleichwohl aber vermehrt tot geschwiegen. Die Ursachen sind vielschichtig, eine entsprechende Behandlung ist möglich und sinnvoll und sollte in jedem Fall durchgeführt werden. – Das gesamte Thema in einem Vortrag aufzuarbeiten und verständlich einem Publikum zu vermitteln versuchte Marion Lindlar im April 2015 auf Einladung der Kurt Graulich Stiftung.

Die Zuhörer im Evangelischen Gemeindehaus in Flörsheim waren aufgeschlossen und gewillt, sich von Psychotherapeutin Marion Lindlar, die in Frankfurt eine eigene Praxis betreibt, in die schwirige Materie einführen zu lassen. Es gäbe keine Krankheit, die in diesem Maße sowohl im gesellschaftlichen, kulturellen und auch politischen Kontext gesehen werden müsse. Wohlstand, Überfluss an Lebensmitteln sowie die Reduktion körperlicher Herausforderungen könnten für die Entstehung von Ess-Störungen eine entscheidende Rolle spielen.

Die Gesellschaft vermittele bereits jungen Mädchen vermehrt die falsche Botschaft: Sei schlank! – Die Mädchen hörten diese Botschaft und machten ihren Körper zum Lebensinhalt. – und zum Schlachtfeld. Der Weg bis hin zur Magersucht sei nicht weit. Psychische Störungen seien die Folge. Mangelernährung sei über einen längeren Zeitraum nicht zu verkraften und könne unter Umständen auch zum Tod führen. – Ein essgestörter Mensch bleibe immer auf der Suche nach sich selbst, auf der Suche nach der eigenen Identität und damit auf der Suche nach dem eigenen Körper.

Marion Lindlar zeigte an diesem Abend keine Lösungen auf, allenfalls Lösungsansätze. In einer sich an den Vortrag anschließenden Diskussion vermissten einige Zuhörer Lösungen. Das Thema plus Lösungen lasse sich allerdings in knapp neunzig Minuten nicht abhandeln, gab Marion Lindlar zu bedenken, vermittelte aber einfühlsam Denkanstöße.

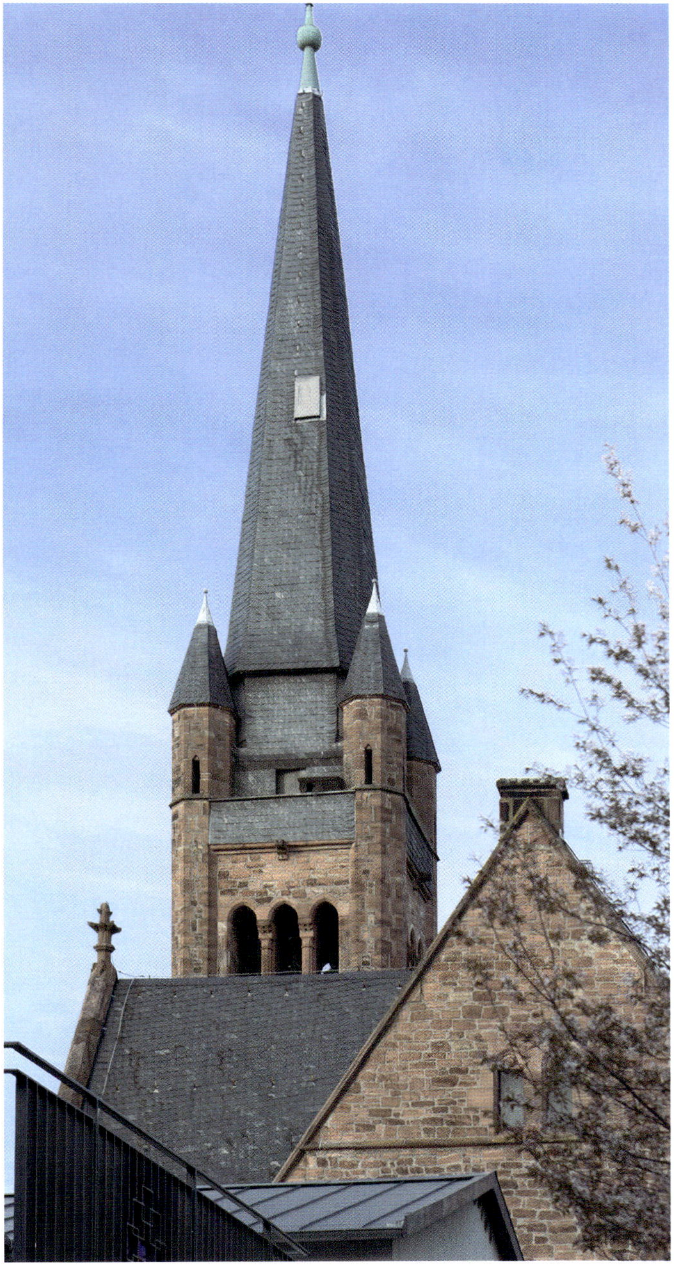

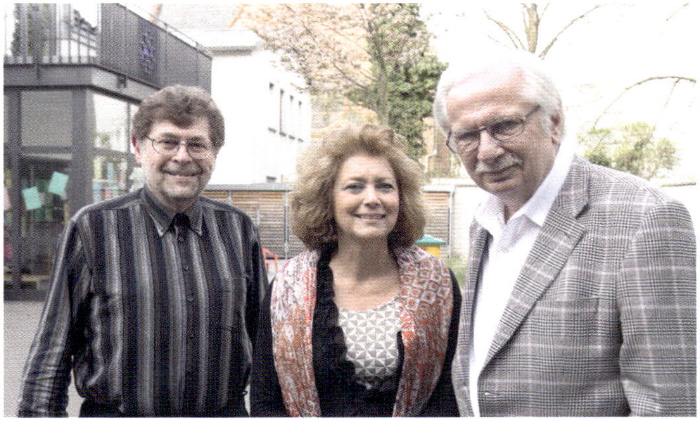

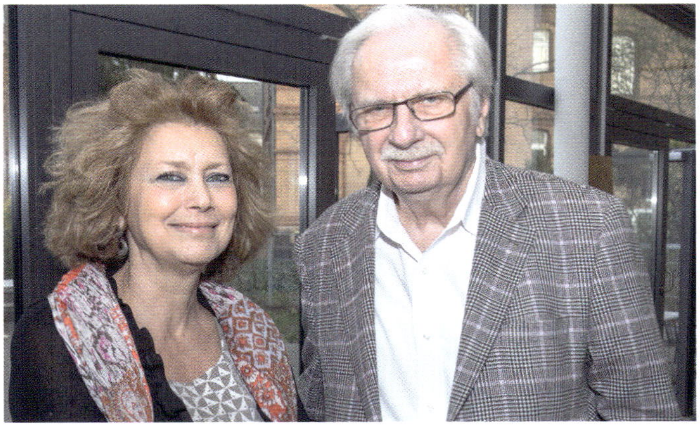

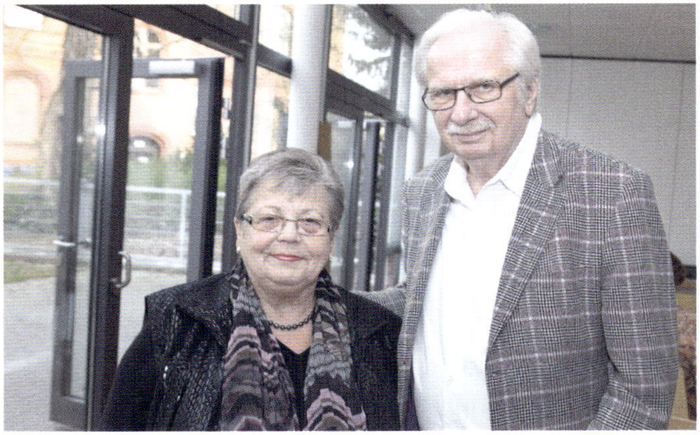

Du bist, was du denkst und aussprichst.
Mechthild R. von Scheurl-Defersdorf

Benefizkonzerte für die Kurt Graulich Stiftung

Immer wieder finden für die Kurt Graulich Stiftung >Helfen in Not< Benefizkonzerte statt, die eines gemeinsam haben, sie bereiten Vergnügen und sie bringen Einnahmen für die Stiftungskasse. Alle Einnahmen werden zu einhundert Prozent der Stiftung zugeführt. Alle Ausgaben trägt Kurt-Jochem Graulich privat.

Festival der Chöre
Neun Flörsheimer Chöre
1998 in St. Josef Flörsheim

Limburger Domsingknaben
2001 in St. Josef Flörsheim

Sängerbund-Jubiläums-Konzert
2002 in der Stadthalle Flörsheim

Extraklasse
„Hotspots" im Pfarrgemeindezentrum St. Gallus

Konzertanter Frühlingsbeginn
2012 und 2015 im Pfarrgemeindezentrum St. Gallus

Hervorragende Musikanten
2007, 2008, 2009, 2010, 2011, 2013 die Bundeswehr
jeweils in der Stadthalle Flörsheim

Shanty-Chor Rüsselsheim
Stiftungspreise 2014 und 2016
in der Stadthalle Flörsheim

Lebensfreude und tiefer Glaube
die „KisSingers" 2017 in St. Josef Flörsheim

Singen für Menschen in Not
Festival der Chöre für die Kurt Graulich Stiftung

Die Kurt Graulich Stiftung >Helfen in Not< ist immer auf der Suche nach Einnahmen, um ihrem selbst auferlegten Auftrag, unbürokratisch Hilfe für in Not geratene Menschen zu leisten gerecht zu werden. – Benefizkonzerte sind eine solche Einnahmequelle. Die Besucher bekommen hervorragende musikalische Eindrücke von sehr guten Chören und Interpreten geboten, und der Stiftung fließen Einnahmen zu, sodass wiederum Hilfe geleistet werden kann.

Kurt-Jochem Graulich freut sich über jede Mark beziehungsweise jeden Euro, der die Stiftungskasse anwachsen lässt. Die Kosten, die Konzerte in der Regel verursachen, durch Werbemaßnahmen, Saalmieten und Verpflegung der Chöre und Interpreten, zahlt Kurt-Jochem Graulich aus seiner Privat-Schatulle. Jeder eingenommene Euro findet auf diese Weise den direkten Weg in Hilfsprojekte oder landet bei Menschen, die Hilfe dringend benötigen.

Gleich neun Flörsheimer Chöre fanden sich 1998 zu einem Festival der Chöre zusammen. Ein bisher einmaliges Ereignis in der Flörsheimer Musikszene. In der St. Josef Kirche in Flörsheim blieb kein Platz unbesetzt, als die Chöre ihr Können und die große Bandbreite ihres Repertoires darboten. – Der Sängerbund Flörsheim mit Männer- und Frauen-Chor, der Volksliederbund Flörsheim und der gemischte Chor der KAB waren ebenso dabei wie der Club Harmonie Flörsheim. Aus Weilbach war die Sängervereinigung gekommen und aus Wicker war die Harmonie mit gleich drei Chören vertreten. Der Frauen-, der Männer- sowie der Junge Chor fanden den Weg in die St. Josef Kirche.

„Leicht war es nicht, alle Chöre von Flörsheim, Wicker und Weilbach zusammen zu bringen. Doch jedes Kuratoriumsmitglied hat sich einen Verein geschnappt und ihn zum Auftreten gebeten. Alle Vereine waren von der Idee begeistert und haben zugesagt", erinnert sich Kuratoriumsmitglied Hannelore Sievers. Und so kam es, dass die genannten Chöre zum ersten Mal an einem Abend und am gleichen Ort auftraten.

Pastoralreferent Hans-Jürgen Wagner, auch Kuratoriumsmitglied der Kurt Graulich Stiftung, moderierte das Festival der Chöre, stellte die Chöre vor und sagte die einzelnen Titel an. Auf unterhaltsame Art überbrückte er die Zeit, wenn ein Chor abging und der nächste sich aufstellte. Annähernd dreißig Titel wurden an diesem Abend geboten, angefangen bei klassischen Kirchenliedern über Spirituals und Volkslieder bis hin zu modernen Songs, beispielsweise von Frank Sinatra.

„Bene fiz", so Hans-Jürgen Wagner zu den Zuhörern, heiße Gutes tun. Und genau das sei auch der Zweck der Benefizveranstaltung. Die fünfzehn Mark, die die Zuhörer zahlten, waren für die Kurt Graulich Stiftung bestimmt. Kurt-Jochem Graulich, Vorstand der Stiftung, freute sich über die Einnahmen dieser besonderen Veranstaltung und erklärte zum Abschluss des Konzertabends: „Jede Mark, die wir heute Abend eingenommen haben, geht ungeschmälert an hilfsbedürftige Menschen." Ein weiterer Wunsch von Kurt-Jochem Graulich ging an diesem Abend ebenfalls in Erfüllung. In entspannter Atmosphäre wurden die Besucher durch die Kuratoriumsmitglieder über die Ziele und Vorhaben der damals noch jungen Stiftung aufgeklärt.

Limburger Domsingknaben in St. Josef
Geistliches Benefizkonzert für die Kurt Graulich Stiftung

Sie geben Konzerte in aller Welt. Die Limburger Domsingknaben, unter Leitung von Domkantor Klaus Knubben, waren sie schon auf Konzertreisen in Frankreich, Italien, Spanien, Irland, England, Polen und Finnland aber auch in Israel, Südafrika, Kanada und den USA. – 2001 waren sie auch in Flörsheim am Main, zu einem Benefizkonzert für die Kurt Graulich Stiftung.

Diesen besonderen Kunstgenuss haben die Freunde des geistlichen Chorgesangs Pastoralreferent Hans-Jürgen Wagner zu verdanken, der auch Mitglied im Kuratorium der Stiftung ist. Er sprach Domkantor Klaus Knubben persönlich an, um die Limburger Domsingknaben nach Flörsheim einzuladen.

Im November 2001 reichten die Plätze in der St. Josef Kirche fast nicht aus, um die vielen erwartungsfrohen Zuhörer unterzubringen. – Und es wurde ein besonderes, ein außergewöhnliches Konzert. Die glockenhellen Knabenstimmen, von ihrem Dirigenten, Domkantor Klaus Knubben, einfühlsam geführt, erfüllten das Gotteshaus mit wunderschönem Gesang. Die Freude und Begeisterung der Zuhörer war spür- und hörbar. Der Beifall nach jedem Titel und besonders am Ende des Konzerts war langanhaltend.

Kurt-Jochem Graulich, Vorstandsvorsitzender der Kurt Graulich Stiftung, dankte Klaus Knubben und den Limburger Domsingknaben und gestand, einen besonderen Sonntag nachmittag erlebt zu haben.

Stiften ist für mich die Möglichkeit,
dauerhaft etwas Gutes zu tun.
Kurt-Jochem Graulich

„Das geht an die richtige Adresse"
Sängerbund-Benefizkonzert für die Kurt Graulich Stiftung

Der Sängerbund Flörsheim wurde 1847 gegründet. Zum 155. Vereinsjubiläum beschloss der Vorstand mit seinem Vorsitzenden Horst Stahlke 2002 ein großes Jubiläumskonzert als Benefizkonzert zu veranstalten, dessen gesamter Erlös an die Kurt Graulich Stiftung ging. – Insgesamt kamen neun Chöre in die Stadthalle, mit denen der Sängerbund durch seine beiden Chorleiter Solveig Wagner (Frauenchor) und Stefan Habermehl (Männerchor) verbunden war.

Solveig Wagner brachte den Gem. Chor Kolping „Sonora Voce" Kirdorf; den Gem. Chor GV Eintracht Würges nach Flörsheim, ergänzt durch den Frauenchor des Gastgebers. – Dirigent Stefan Habermehl zeichnete verantwortlich für den Frauenchor Liederkranz Aull; den MGV „Die Quelle" Fachingen; den MGV Liederkranz Langenscheid; den Gem. Chor „Lyra" Merenberg und den Gastgeber-Männerchor des Sängerbund Flörsheim.

Gemeinsam boten die Chöre ein breitgefächertes, durch alle Musik-Epochen gehendes unterhaltsames Konzert. Neben den Chören hatten die Sängerbund-Verantwortlichen für ihr Benefiz-Jubiläumskonzert auch eine Blechbläsergruppe und das „Vocal Ensemble Unterlahn" eingeladen. – Die Zuhörer im Saal der Stadthalle waren begeistert von der dargebotenen gesanglichen und musikalischen Klangfülle.

Sängerbund-Pressesprecher Alois Flesch betonte, der Erlös gehe komplett an die Kurt Graulich Stiftung. „Da geht's an die richtige Adresse." Horst Stahlke ergänzte: „Dort wird schnelle und unbürokratische Hilfe geleistet." Geholfen werde Menschen, die sich in einer ausweglosen Notlage befänden.

Kurt-Jochem Graulich bedankte sich für die Spende und freute sich, dieses Benefiz-Konzert des Gesangverein Sängerbund Flörsheim zeige eindrücklich, dass die noch relativ junge Stiftung auch in ihrer Heimatstadt angenommen und angekommen sei.

Benefizkonzert der Extraklasse
„Hotspots" zugunsten der Kurt Graulich Stiftung

Die Kurt Graulich Stiftung >Helfen in Not<, die seit ihrer Gründung 1995 Jahr für Jahr große Summen ausschüttet und unbürokratisch vielfältige Hilfe leistet, ist zwangsläufig auch auf Einnahmen angewiesen. Neben Zinserträgen, Spenden, Einnahmen aus Mitgliedsbeiträgen sind Erlöse aus Benefizkonzerten „ein warmer Regen" für die Kasse der Stiftung, die damit wiederum in die Lage versetzt wird, notleidenden Menschen Hilfe zu geben.

Benefizkonzerte werden auch von außenstehenden Privatpersonen initiiert, die uneigennützig ihre Verbindungen und ihr Organisationstalent für die gute Sache einsetzen. – Annemarie Dienst, umtriebige Flörsheimer Bürgerin, gehört zu den Personen, die sich und ihr Talent auch für die Kurt Graulich Stiftung einbringen.

Ihre Verbindung zu Bandleader Thomas Spengler war es denn auch zu verdanken, dass die Band „Hotspots" im Pfarrgemeindezentrum St. Gallus für ein volles Haus sorgte. Die Besucher des Benefizkonzertes für die Kurt Graulich Stiftung brauchten ihr Kommen nicht zu bereuen. Das spielfreudige Ensemble – zwei Frauen und sechs Männer – um Thomas Spengler sorgte mit klassischen Jazz-Standards quer durch das Genre des Jazz für ein begeistertes Publikum, das mit langanhaltendem Beifall antwortete.

Die Einnahmen aus dem Konzert und auch der Erlös aus Speisen- und Getränkeverkauf, den das Team um Annemarie Dienst gern leistete, gingen ohne Abzug an die Kurt Graulich Stiftung. – Die Taunus Sparkasse fungierte für diese Veranstaltung als Schirmherrin und erhöhte den gesamten Erlös um eine Spende von 1.500 Euro, die der Vorstandsvorsitzende der TaunusSparkasse, Oliver Klink, vor Ort überreichte.

Kein Wunder, dass Stiftungsvorstand Kurt-Jochem Graulich strahlte. Er freute sich über das gelungene Konzert, die Einnahmen, die als Spende an die Stiftung gehen und über Annemarie Dienst, die mit ihrer Initiative wieder einmal für ein positives Ergebnis für die Kurt Graulich Stiftung sorgte.

VERANSTALTUNG KURT GRAULICH STIFTUNG "Helfen in Not"

Konzertanter Frühlingsbeginn
Benefizkonzert des GV Volksliederbund für die Kurt Graulich Stiftung

In einem zweistündigen Frühlingskonzert begeisterte der stimmgewaltige Chor des Volksliederbund Flörsheim im März 2012 seine Zuhörer im vollbesetzten Saal des Pfarrgemeindezentrums St. Gallus in Flörsheim. Die annähernd vierzig Sänger mit ihrem Dirigenten Helmut Walter Theobald boten einen wunderschönen musikalischen Frühlingsstrauß. Die sorgsame Programmauswahl sorgte für ein abwechslungsreiches und zugleich unterhaltsames Programm.

Komplettiert wurde der besondere Nachmittag von Britta Kluin mit ihrer schönen Sopranstimme und mit Gitarre. Auch das Quartett „Cafe Confuso", das mit Klavier, Geige, Akkordeon, Gitarre und Mandoline einfühlsam, dann wieder temperamentvoll auf der Bühne agierte, fand ein begeistertes Publikum. Die Musikanten aus dem Taunus unterstrichen eindrucksvoll ihre Virtuosität und musikalische Vielfalt.

Peter Kluin, jahrzehntelanges Mitglied des Chores, führte durch das abwechslungsreiche Programm und gab kurze Erläuterungen zu den einzelnen Titeln. – Er berichtete auch von den alle zwei Jahre stattfindenden Konzertreisen des Volksliederbund, die auch mit Auftritten im europäischen Ausland verbunden seien.

Die Volksliederbund-Verantwortlichen hatten für den Nachmittag ein besonderes Programm zusammengestellt. Volkslieder, Gospel, Shantys, Zulu-Lieder und unvergessene Schlager hatten sie in ihrem Repertoire. Beeindruckend kraftvoll und klar in den Stimmlagen führte Helmut Walter Theobald seinen Chor. Man merkte ihm und seinem Chor die Freude am Gesang an, die sich schnell auf das aufmerksame Publikum übertrug. Es machte Spaß, diesem Chor zuzuhören. – Das ging auch Kurt-Jochem Graulich so, der am Schluss den Sängern dankte und freimütig bekannte, „am liebsten hätte ich mitgesungen."

Im März 2015 lud der Volksliederbund wiederum in das Pfarrzentrum St. Gallus zu einem Benefizkonzert für die Kurt Graulich Stiftung ein. – Eine besondere Geste des Vereins, die die enge Verbundenheit zu Kurt-Jochem Graulich und der Stiftung unterstreicht. – Bei beiden Konzerten konnte Vereinsvorsitzender Dieter Preußler jeweils einen beachtlichen Erlös an Kurt-Jochem Graulich überreichen.

109

Hervorragende Musikanten
Benefizkonzerte für die Kurt Graulich Stiftung

Die Kurt Graulich Stiftung >Helfen in Not< ist seit mehr als zwanzig Jahren segensreiche Einrichtung, die unverschuldet in Not geratenen Menschen sowie caritativen und sozialen Einrichtungen schnell und unbürokratisch Hilfe leistet. Einnahmen rekrutiert die Stiftung aus Zinserträgen des Stiftungskapitals, aus Mitgliedsbeiträgen und durch Spenden. Eine weitere wichtige Säule, Gelder und Einnahmen zu verbuchen, sind Erlöse aus Vorträgen und Benefizkonzerten.

Gesang- und Musikvereine wie auch verschiedene Orchester der Bundeswehr waren über die Jahre verteilt immer wieder in Flörsheim zu Gast, begeisterten vor ausverkauften Sälen und sorgten jeweils für einen „warmen Einnahme-Regen" für die Stiftungskasse. Die Auftritte der bestens aufgelegten Orchester der Bundeswehr – einige von ihnen waren sogar mehrfach in Flörsheim zu Gast – wurden von Heike Ernst aus Königstein initiiert. Sie verfügt über beste Verbindungen zu den Heeres- und Landespolizei-Orchestern.

Landespolizeiorchester Hessen

Die 34 Musiker des Landespolizeiorchester Hessen demonstrierten 2007 bei ihrem zweistündigen Auftritt in der Stadthalle Flörsheim ihre Vielseitigkeit, die von Kammermusik und volkstümlichen Melodien bis hin zum Repertoire von Big Bands und großen Blasorchestern reicht. In der Musikauswahl bedeutete das eine Bandbreite von klassischen Symphonien bis hin zu Pop-Balladen.

Das Orchester besteht aus professionellen Musikern, die ausschließlich wichtige und repräsentative Aufgaben haben. Orchesterleiter Walter Sachs erzählte den Flörsheimer Zuhörern, dass sein Orchester vornehmlich in Sachen Öffentlichkeitsarbeit für die Polizei und die Hessische Landesregierung unterwegs sei. Das heißt: Begleitung bei Empfängen der Staatskanzlei, Auftritte auch bei der Expo 2000 in Hannover, auf Hessentagen sowie im europäischen Ausland. Und eben auch Konzerte für den guten Zweck, wie für die Kurt Graulich Stiftung.

Die einzelnen Auftritte der Orchester der Bundeswehr werden in mehreren Bildseiten gezeigt.

Musikkorps der Bundeswehr aus Siegburg

Unter den achtzehn bundesweit stationierten Musikgruppen der Bundeswehr nimmt das Siegburger Musikkorps eine Sonderstellung ein. Von 1959 bis im Jahr 2000 trug das Orchester den Namen Stabsmusikkorps. Es wurde vorrangig im nahen Bonn für den Protokollarischen Ehrendienst eingesetzt. Die Musiker spielten bei Empfängen des Bundeskanzlers und des Bundespräsidenten sowie bei großen festlichen Anlässen. Im Jahr 2000 wurde das Musikkorps in „Das Musikkorps der Bundeswehr" umbenannt. Die Militärmusiker nehmen seit dieser Zeit die Rolle eines repräsentativen Konzertorchesters ein. Während andere Musikkorps verstärkt die Truppen im In- und Ausland betreuen, spielt das Orchester aus Siegburg regelmäßig auf öffentlichen Bühnen.

Oberstleutnant Walter Ratzek dirigierte seine über siebzig Musiker souverän und eröffnete 2009 das Konzert in der Stadthalle mit Titelmelodien großer Filmklassiker. Musik aus „Exodus", „Vom Winde verweht", oder „Die Brücke am Kwai" erinnerten die Besucher an frühe Kinobesuche. Auch das atemraubende Wagenrennen aus „Ben Hur" rollte musikalisch durch die Stadthalle.

Im zweiten Teil des Konzertes boten die Vollblutmusiker zunächst die Ouvertüre aus dem Musical „Candice" von Leonard Bernstein. Weitere moderne Titel folgten und dokumentierten die Vielseitigkeit des Musikkorps. Ein ABBA-Medley zauberte eine heitere Stimmung in den Saal. – Auch die klassische Militärmusik kam nicht zu kurz. Märsche von John Philip Sousa wurden zu einem imposanten Klanggebilde. Die Zuhörer im vollbesetzten Stadthallen-Saal dankten mit langanhaltendem Beifall.

Luftwaffenmusikkorps 2 aus Karlsruhe

2011 zeigte das Luftwaffenmusikkorps 2 aus Karlsruhe in der Flörsheimer Stadthalle eindrucksvoll, dass Flieger nicht nur Krach machen können, sondern brillant Musik interpretieren. Die sechzig Musiker des Orchesters begeisterten die Zuschauer im Handumdrehen.

Stabsfeldwebel Thomas Heinzl beschrieb zunächst den Unterschied eines Luftwaffenmusikkorps im Vergleich zu den schon oft in Flörsheim erlebten Heeresmusikkorps. "Im Luftwaffenmusikkorps spielten die ersten Saxophone schon in den 20er Jahren mit. Beim Heer waren sie erst viel später zugelassen und wir hatten stets auch größere Besetzungen." Die Luftwaffenmusikkorps wären vielem Neuen stets aufgeschlossener gewesen und hätten auch die flotteren Märsche im Repertoire. Beim Heer seien die Märsche stets auf Marschieren ausgelegt, bei den Fliegern hingegen dürften es auch beschwingtere Töne sein. Als Paradestück der Luftwaffe nannte der Stabsfeldwebel den Fliegermarsch, den sie auf fast allen Konzerten spielen müssten. – Sonst aber hätte ein Luftwaffenmusikkorps die gleichen Aufgaben wie ein Heeresmusikkorps: Gelöbnisse, Appelle und zeremonielle Aufgaben, musikalisch zu untermauern.

Ein Parademarsch eröffnete den musikalischen Reigen in der Stadthalle Flörsheim, bevor die fünf Sätze der Herr-der-Ringe-Symphonie das Publikum begeisterten. Den zweiten Teil bestimmten Broadway-Melodien sowie ein Beatles-Potpourri. Die Zuhörer waren restlos begeistert. Die Musiker verabschiedeten sich mit dem Graf-Zeppelin-Marsch.

Musikkorps der Bundeswehr

Mitreißende Klänge im Dienst einer guten Sache. Alle Liebhaber zeitgenössischer Blasmusik erlebten ein Benefizkonzert der Extra-Klasse zugunsten der Kurt Graulich Stiftung. Unter Leitung von Oberstleutnant Christoph Scheibling boten die 82 Musiker – hauptsächlich Berufs- und Zeitsoldaten – des symphonischen Blasorchesters aus Siegburg Konzertmusik vom Feinsten.

Das Programm in der Stadthalle spannte einen weiten Bogen großer klassischer Werke wie zum Beispiel „Les Préludes" von Franz Liszt über Märsche bis hin zur neueren unterhaltenden Literatur. Christoph Scheibling erläuterte: „Unsere Vielfalt entspricht der Vielseitigkeit moderner Blasmusikentwicklung wie auch den klanglichen Möglichkeiten des Orchesters."

Ein Höhepunkt bereits im ersten Teil des Konzertes war die Ouvertüre der Oper „Rienzi" von Richard Wagner, in einer neuen Orchestrierung von Guido Rennert, Klarinettist im Musikkorps. – Die Vollblut-Musiker boten ein abwechslungsreiches und zugleich unterhaltsames Programm. – Langer Applaus der Konzertbesucher brachte die erwarteten Zugaben, darunter „Unter Blitz und Donner" von Richard Strauss.

Heeresmusikkorps 300 Koblenz

Fünfzig junge Musiker – Musik-Soldatinnen und -Soldaten des Heeresmusikkorps 300 – boten bei ihrem Besuch in der Flörsheimer Stadthalle zugunsten der Kurt Graulich Stiftung ein breites Spektrum exzellenter Blasmusik. Oberstleutnant Robert Kuckertz, Leiter des Orchesters, moderierte zugleich das Programm und garnierte einzelne Titel mit kleinen Geschichten und Anekdoten.

Das Heeresmusikkorps 300 Koblenz umrahmte seit seiner Gründung 1956 insgesamt 1.200 feierliche Gelöbnisse und tritt bis zu zweihundert Mal pro Jahr im In- und Ausland bei repräsentativen Anlässen sowie auch in konzertantem Rahmen auf.

Herausragendes Werk im ersten Teil des Programmes war die Ouvertüre zu „Die schöne Helena" von Jacques Offenbach. Strauß-Walzer vervollkommneten den ersten Teil. – In Big Band-Besetzung präsentierte sich das Orchester im zweiten Teil. „Summertime" aus der „West Side Story" von Leonard Bernstein sowie weitere Titel im typischen Bigband-Stil gefielen den Zuhörern, so dass die Musiker erst nach mehrfachen Zugaben die Bühne verlassen konnten.

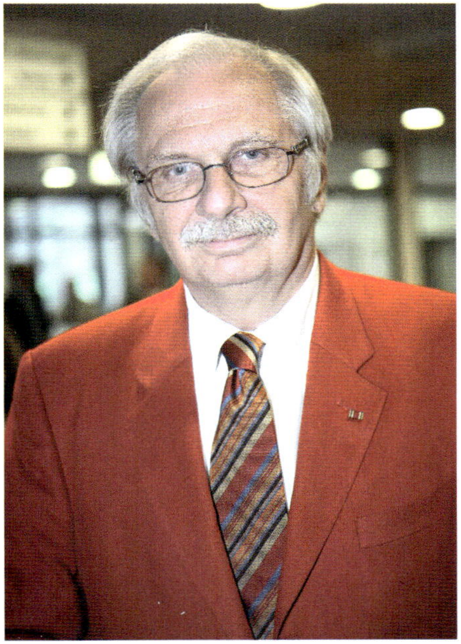
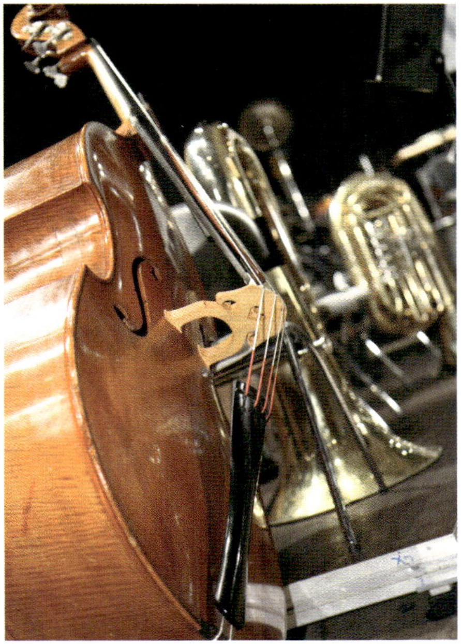
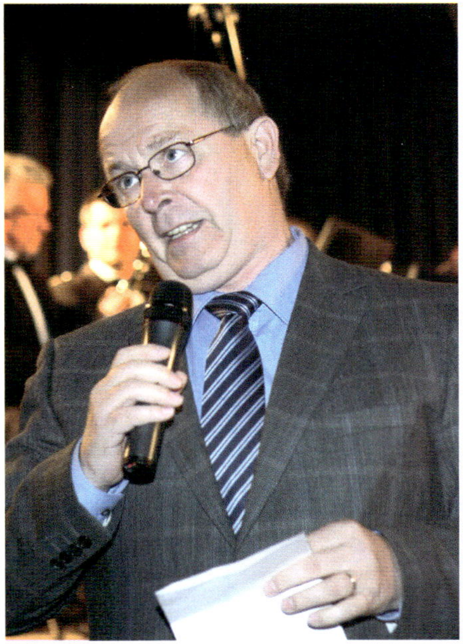
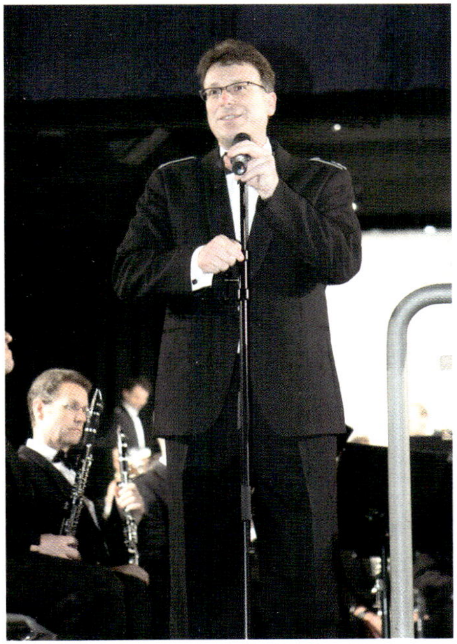
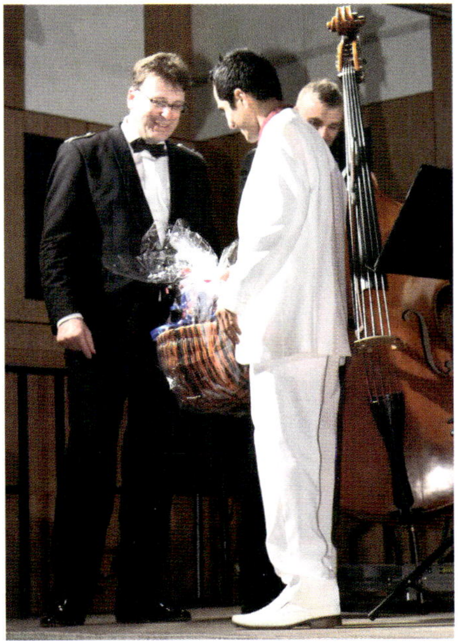
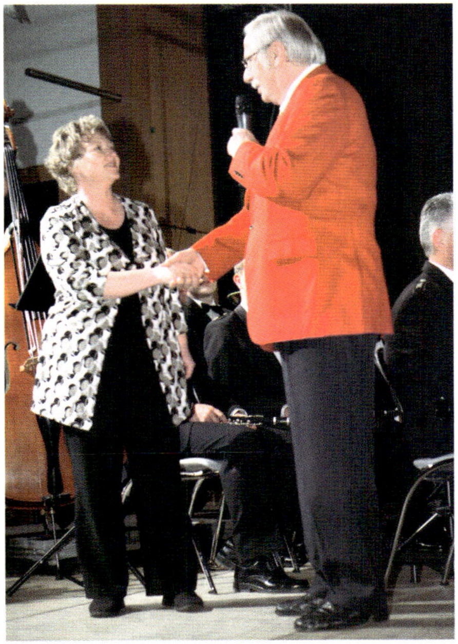

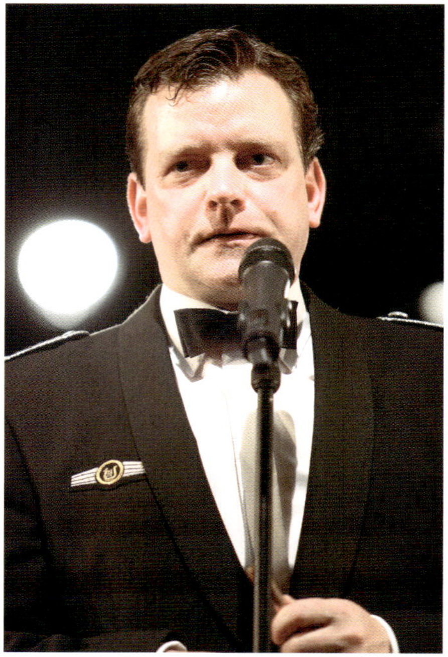

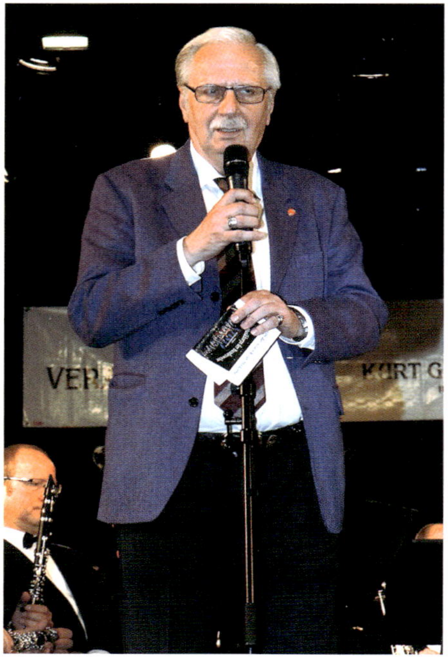

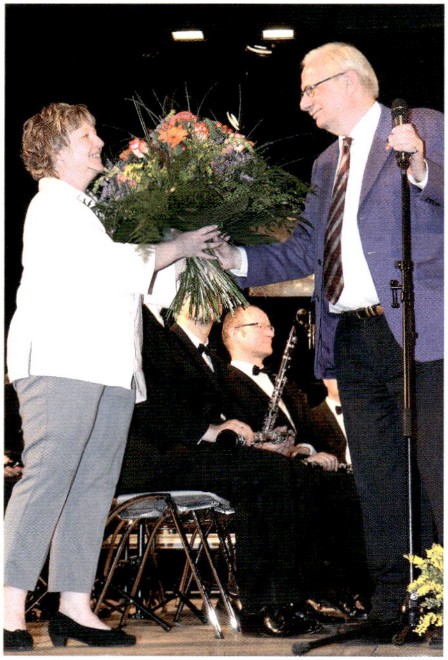

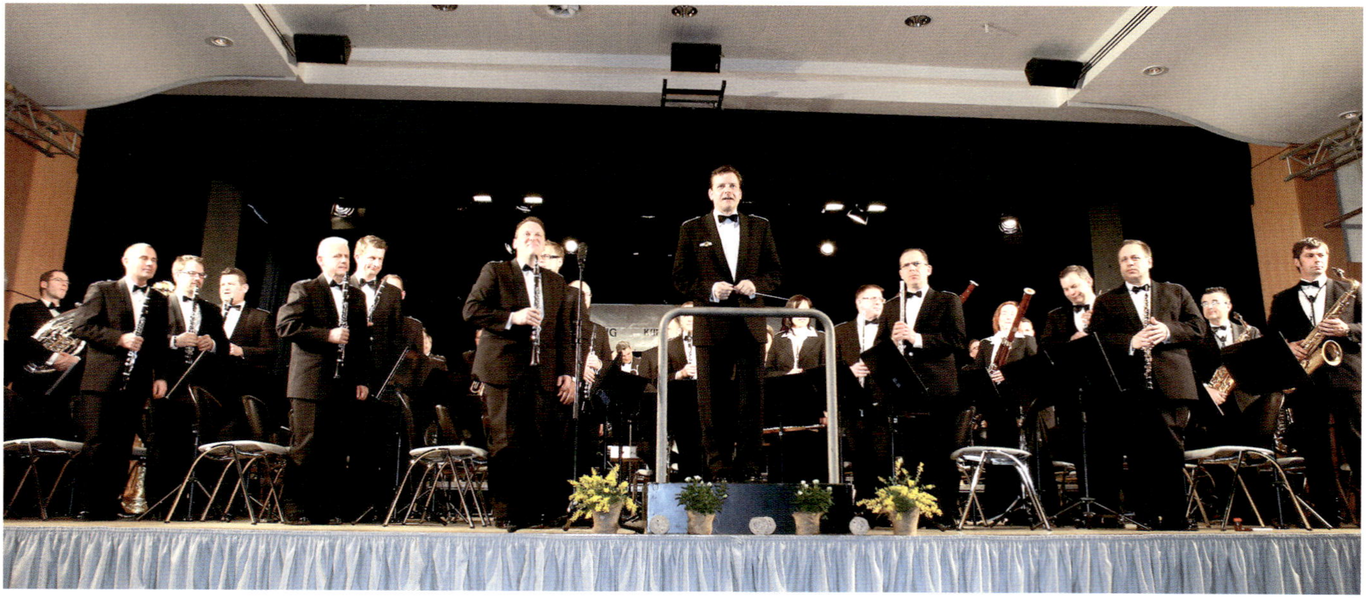

115

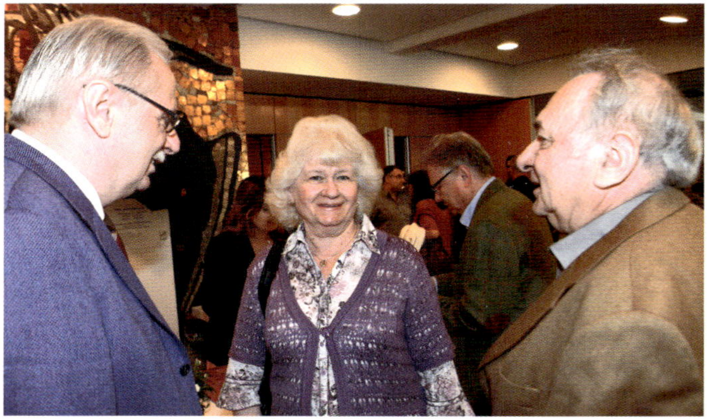
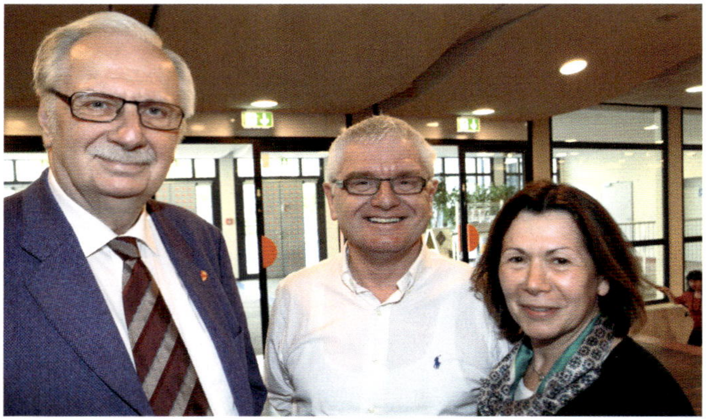
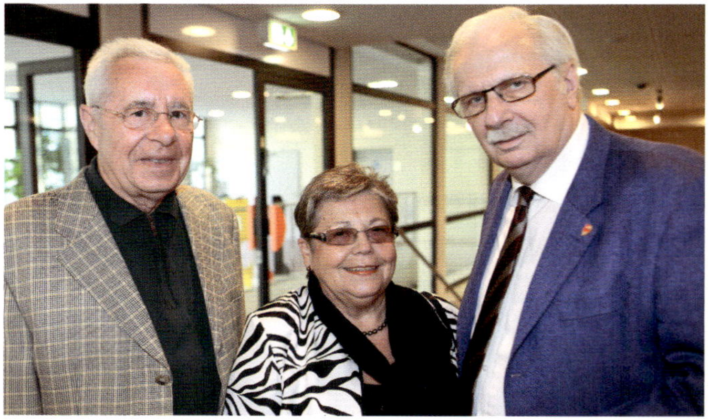
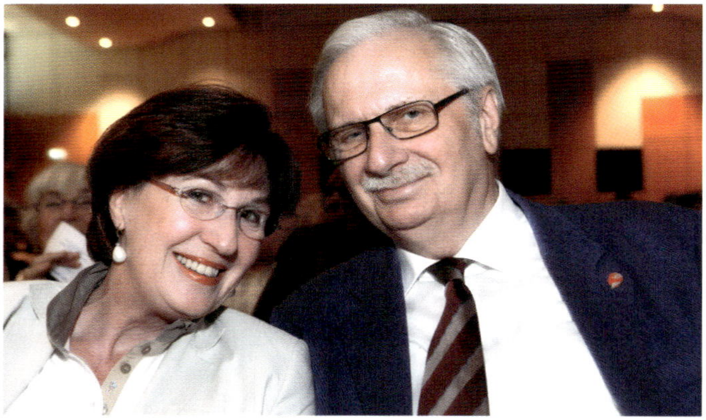
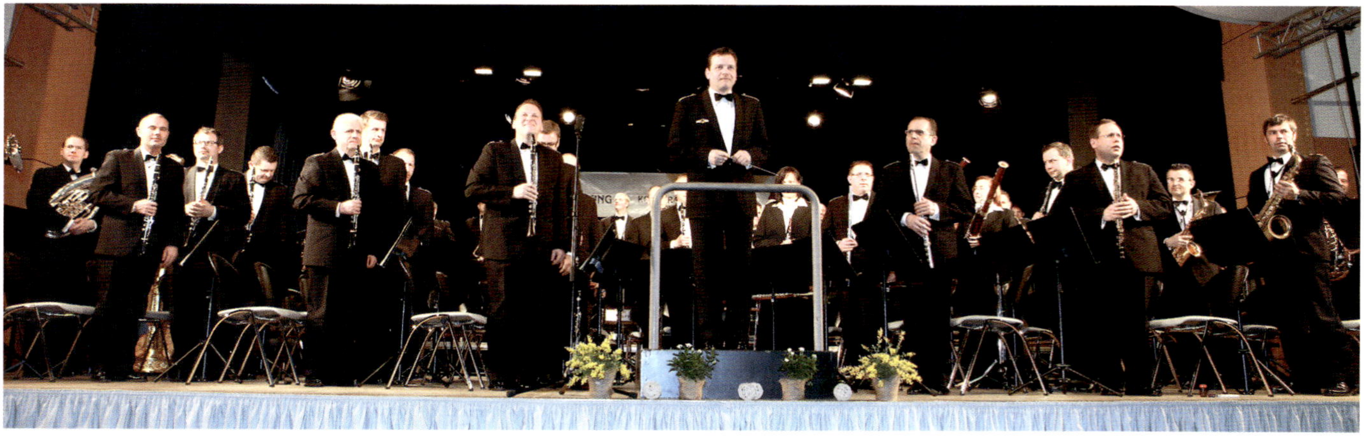

117

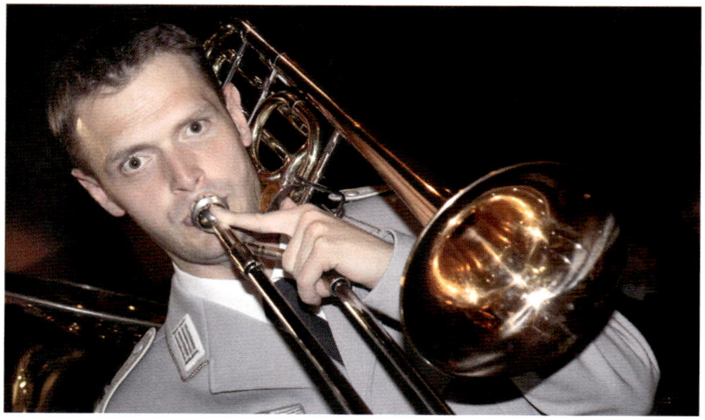

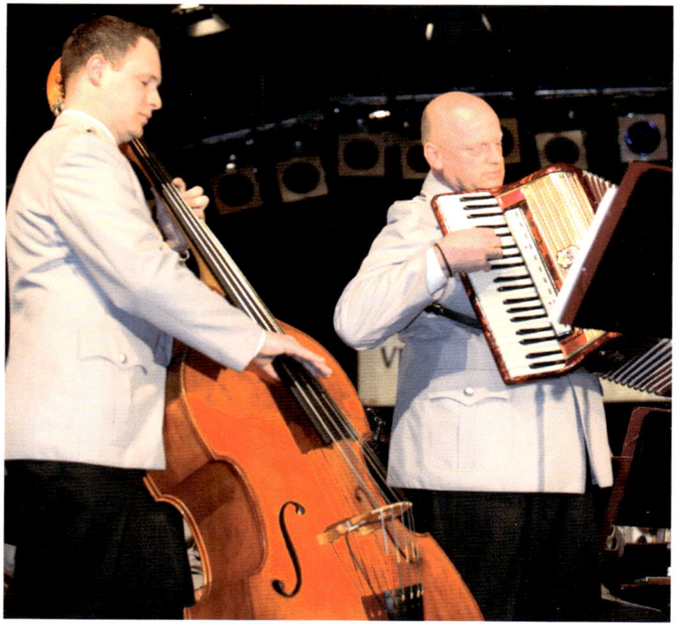

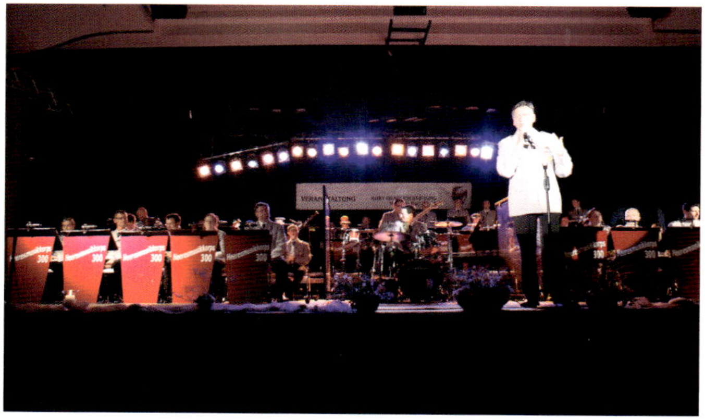

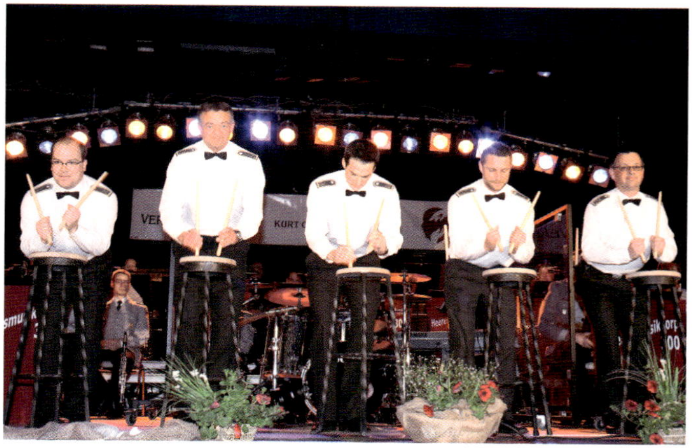

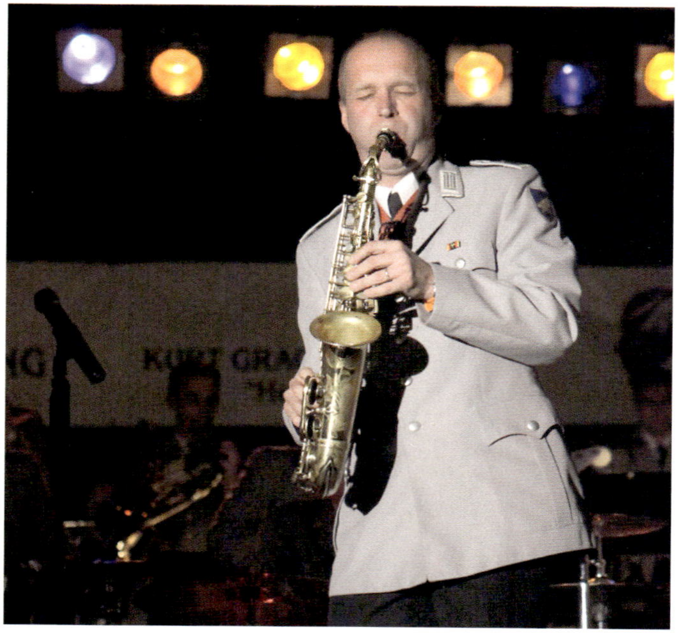

119

120

Wer dankbar jeden Sonnenstrahl genießt,
wird auch mit den Schatten zu leben wissen.
Unbekannt

Lebensfreude und tiefer Glaube
Beeindruckendes Benefizkonzert 2017 mit „Die KisSingers"

Mitreißend, was dem Publikum im Mai 2017 in St. Josef geboten wurde. Der Gospelchor „Die KiSsingers", extra aus Bad Kissingen angereist, gab für die Kurt Graulich Stiftung „Helfen in Not" ein stimmgewaltiges Benefiz-Konzert. Der Auftritt ging unter die Haut und eroberte im Nu die Herzen der Zuschauer. Berührend auch der erste Auftritt des neu gegründeten „Lilien-Chor", zwölf Kinder, die den erfahrenen Gospelsängern mit „Kumbayah" nacheiferten. – Jennifer Faber, Mitarbeiterin im Bauzentrum Gebr. Graulich, selbst einst Mitglied bei „die KisSingers", hatte die Idee für den Lilien-Chor und mit den Kindern vier Gospels einstudiert.

Das Ergebnis einer Idee, Kinder für Gospelmusik zu begeistern, gleichzeitig eine sinnvolle Freizeitbeschäftigung, sagte Hans-Jürgen Wagner schmunzelnd zur Begrüßung und übersetzte das von den Kindern gesungene „Kumbaya": „Komm zu uns Herr." Das passe zu diesem Ort und passe zu diesem Abend. Wagner übermittelte herzliche Grüße des erkrankten Stiftungsgründers Kurt-Jochem Graulich.

Den Besucher erklärte er, dass man für Kurt-Jochem Graulich das Konzert aufnehme. – Hans-Jürgen Wagner erinnerte, Vorläufer der Gospelmusik waren die Spirituals der Schwarzen in Amerika, die mit dieser Musik ihre Arbeit auf den Feldern erträglicher machten und mit ihrem Gesang ihre Gemeinschaft untereinander stärkten und sich so ihrer Glaubensgeschichte vergewisserten. Wagner: Gospel heißt eigentlich Gutes sagen oder im kirchlichen Sprachgebrauch: Frohe Botschaft – im Lateinischen: Evangelium und im Englischen: Gospel.

Anschließend übergab er die Regie an Kirchenmusikdirektor Jörg Wöltche, der traditionelle Spirituals, zeitgenössische Gospel und Eigenkompositionen ankündigte und mit „Rock my soul" gleich vollen Einsatz zeigte. Mit seiner quirligen Art und der übersprudelnden Begeisterung heizte er nicht nur seinen Chor an, er schaffte es auch im Nu, dass die Zuhörer mitklatschten und mitsangen und sich von der Leidenschaft der ganzen Truppe anstecken ließen.

„Keiner weiß, welch schlimme Dinge ich gesehen habe" (Nobody knows, the trouble I have seen), kündigte Wöltche ein ergreifendes Stück an, das eine Solistin mit Chorbegleitung eindrucksvoll zu Gehör brachte. Immer wieder übersetzte der Chorleiter Texte zum besseren Verständnis, zeigte biblische Hintergründe zur Entstehung eines Songs auf und begleitete zusammen mit dem Chor musikalische Aussagen mit Gebärdensprache. Auch das Publikum lernte schnell: „Die Gebärdensprache für Jesus ist überall gleich".

Mit „Sing and pray" hielten der kleine und der große Chor nach der Pause Einzug, in der ZDF-Moderatorin Constanze Polaschek eifrig Spenden für die Graulich Stiftung gesammelt hatte. Und noch einmal sang sich der „Lilien-Chor" mit dem bekannten Jackson-Song „We are the world" in die Herzen der Zuhörer und heimste das Kompliment des Kirchenmusikdirektors ein: „Mit diesem Chor wären die Darmstädter Lilien nie abgestiegen".

Mit weiteren bekannten Stücken wie „I will follow him" und „It's got the whole world in his hand" setzten auch die „KiSsingers" Schlussakzente.

Hans-Jürgen Wagner dankte zum Schluss den „KiSsingers" für ihre ansteckende Art, die Frohe Botschaft durch Musik unters Volk zu bringen. – Ein großes Dankeschön sagte er Constanze Polaschek, „der durch ihre nachfragende, hartnäckige und eindringliche Art beim Sammeln von Spenden etwas gelungen ist, dass wir sie gerne wieder zu uns einladen."

123

Kurt Graulich Stiftung
>Helfen in Not<